L'école derrière la queue des vaches

Les enfants d'autrefois racontent…

Du même auteur

- **Histoires vraies d'autrefois**
  Les vieux paysans gessiens racontent
  paru en 1980 (1), 4è édition en 2003
- **L'Âme du village**
  Les artisans d'autrefois racontent
  paru en 1983 (1), réédité en 1994
- **Au royaume des bergers**
  La vie pastorale dans le Haut-Jura
  paru en 1985, réédité par Cabédita
- **Emilio**
  Le moutonnier du Noirmont
  paru en 1988, réédité par Cabédita
- **Sagesse paysanne**
  Histoires de vies
  paru en 1991, réédité en 2003
- **Le pain de la Terre**
  Les montagnards racontent
  paru en 1992, réédité par Cabédita
- **Gens de chez nous**
  Histoires de vies
  paru en 1996, coédition Cabédita
- **L'étoile des bergers**
  paru en 1998, coédition Cabédita
- **Les filles de la terre**
  Histoires des paysannes d'autrefois
  paru en 2001, coédition la Catherinette
- **On m'a dit à la ferme**
  Histoires vraies d'animaux
  paru en 2004, édition Cabédita

(1) Première édition pour le compte de l'Amicale de la Maison de Retraite de Gex.

Anne-Marie Prodon

L'école derrière la queue des vaches

Les enfants d'autrefois racontent…

A nos parents

Ami lecteur,

Si tu es un tout jeune lecteur, tu seras bien étonné en lisant ces pages qui racontent l'enfance paysanne d'autrefois.

Si tu es un enfant de ce temps-là, né dans une famille paysanne, cela ravivera tes souvenirs et tu risques d'en avoir le cœur tout chaviré…

Ce sont les années cinquante qui ont bouleversé l'ordre établi depuis la nuit des temps. Nos parents et toutes les générations passées sont allés comme nous à l'école derrière la queue des vaches, on disait plutôt : « Au cul des vaches. »

C'est qu'on ne roulait pas sur l'or dans nos campagnes, autrefois, et chacun donnait sa part de travail à sa juste mesure. C'était la solidarité familiale. C'est ainsi qu'on apprenait, dès notre jeune âge, le sens du travail et ça, c'est un capital inestimable que l'on doit à nos parents. Mais, mon Dieu, ce qu'ils ont peiné pour nourrir leur famille et donner un peu de bonheur à leurs enfants !

Ce livre veut être un hommage à leur courage.

A toi qui es de ma génération, et à toi aussi qui m'a raconté ton enfance, je dédie ces lignes recueillies dans le livre « Bonheur d'enfance *» de* Christian Signol *:*

« C'est sur les trésors du passé que se bâtit la richesse spirituelle de notre avenir, de la même manière que pour pousser haut, les hommes, comme les arbres ont besoin de racines profondes et vigoureuses. »

La maison de mon enfance

Je suis assise sur mon petit pot, dans la cuisine. J'ai des jouets autour de moi. Ma grand-mère épluche les pommes de terre pour la soupe. La porte de la cuisine est ouverte et un rayon de soleil caresse le plancher. C'est mon souvenir le plus ancien. Je devais avoir entre deux et trois ans. Sans doute cette image-là évoque-t-elle le bonheur de mon enfance pour qu'elle demeure si précise plus de soixante-dix ans après ! Une enfance paisible, heureuse, dans une vie simple partagée avec celle de parents qui vous aiment, une grand-mère qui veille sur vous, et les animaux de la ferme. Toute mon enfance s'est passée là, dans cette maison de St Jean où je suis née en 1932, où mon père y était né en 1903 et sa mère en 1870. Ma mère était venue l'habiter à son mariage en 1929.

Je voudrais parler de cette maison. Une maison paysanne comme toutes les autres, avec une cuisine qui en était le lieu de vie, deux chambres à l'étage, une salle à manger à côté de la cuisine utilisée pour les occasions exceptionnelles seulement. Elle possédait une alcôve où dormait ma grand-mère.

Et sous les combles, un grenier renfermant des trésors d'autrefois. La cave avec ses tonneaux de cidre et celui du vin un peu à part et sa pierre à saler. Un simple mur séparait la cuisine de l'écurie et la grange de la chambre à coucher. C'était commode pour mon père qui pouvait entendre les bruits des vaches durant la nuit. Les poules picoraient sur le tas de fumier

De g. à dr. : Louise Demornex, Alice Prodon, Marcel Demornex, Henriette Prodon, mon père Jean, mon grand-père Henri Prodon, François Définod, Marius Demornex. Mimi Charvet dans les bras de Mathilde sa grand-mère, Henriette Définod, Mme Girard dit Fanchette à l'escalier (1913).

Avec mon berceau et mon premier poupon offerts par Claire ma marraine (1934)

Sur la moto du cousin «Titi» avec ma marraine et sous la surveillance de maman (1934)

à deux pas de la porte et les canards arpentaient la cour en se dandinant. Deux pots de géraniums ornaient la fenêtre de la cuisine et un énorme laurier-rose, dont les hommes encordaient l'immense pot pour le descendre à la cave l'hiver, nous protégeaient des regards des voisins lorsqu'on s'asseyait sur le banc, devant la porte.

On entrait directement dans la cuisine après avoir poussé la lourde porte de chêne, qui avait un loquet de cuivre et une énorme clef dont on ne se servait jamais, et s'être raclé les pieds sur la grosse barre de fer fixée au mur pour secouer la terre ramenée du jardin ou la neige qui vous collait aux sabots l'hiver. La cuisine était une grande pièce avec un plafond de poutres apparentes et un plancher noueux. Sur la gauche, un double buffet en noyer dans lequel on rangeait, en haut la vaisselle, en bas les aliments et la miche de pain soigneusement enveloppée dans un linge et déposée dans sa corbeille en osier. Puis le coin de l'évier avec sa grande pierre taillée et le robinet d'eau froide depuis que l'eau courante avait été installée vers 1920. C'est là qu'on lavait la vaisselle et qu'on faisait sa toilette. Au-dessus ou à côté, je ne me souviens plus très bien, deux tablars, celui des verres, celui des pots de terre où l'on « trempait » la soupe et le café au lait. En dessous, la bassine à vaisselle et les marmites en fonte. Une paroi de bois où étaient suspendues les poêles et les casseroles en cuivre munies d'un long manche pour faire bouillir le lait cachait une énorme caisse à bois avec un tiroir plein de vieux journaux pour allumer le feu. Et puis, sur tout le mur du fond, la grande cheminée avec ses pots à épices en faïence bleue et blanche, le moulin à café dont on se servait chaque matin et les gros savons de Marseille qui se déformaient en séchant. Une immense cuisinière – on disait le fourneau – avait remplacé l'âtre d'antan au mariage de ma grand-mère, en

1890 je crois bien. Elle était en fonte noire, avec d'un côté le foyer et de l'autre la bouillotte en cuivre et le robinet pour tirer l'eau chaude. Un grand four, une étuve en dessous et une barrière tout le long pour faire sécher les torchons de cuisine après avoir essuyé la vaisselle. Tous les samedis, il fallait astiquer la cuisinière et ce fut très vite mon rôle. Quelle corvée ! Passer le « Zebracier » noir sur toute sa surface et faire briller la bouillotte au « Sigolin ». Chaque matin, ma mère en vidait le cendrier dans un récipient réservé à cet effet. Précieuses cendres dont on se servirait pour la lessive à condition de ne pas avoir brûlé du bois de châtaigner qui tache le linge. Contre le mur, la boîte d'allumettes – en faïence bleue et blanche, elle aussi – avait remplacé le trou de jadis. Mais c'étaient les mêmes longues allumettes qu'on frottait sur le dessus de la cuisinière.

Ma grand-mère avait l'habitude de s'asseoir, l'hiver, tout contre la cuisinière et de se chauffer les mains sur la bouillotte. De là, elle avait l'œil sur tout ce qui se passait dans la cuisine et ce qui cuisait dans la marmite ! C'est là que je déposais mes sabots le soir de Noël. Ce coin cuisine avait un carrelage bleu et blanc avec des dessins géométriques ; j'en ai revu de mêmes dans d'autres maisons mais en rouge et blanc. Le mur latéral avait le fameux placard correspondant avec celui de la cuisine voisine. C'était une ancienne porte de communication fermée par un galandage à la suite du partage de la maison. C'est à cause de ce partage que ma grand-mère et la voisine – qui étaient cousines – ne se parlaient pas. Sans doute déjà leurs parents et peut-être même leurs grands-parents ? Or, cette porte devait toujours être fermée à clef ! « La voisine entend tout ce qu'on dit depuis son placard ! » assurait ma grand-mère. Combien de fois, dans une journée, ne me suis-je pas entendue dire : « Ferme voir cette porte ! ». Il faut dire qu'on avait souvent à faire dans ce placard où l'on rangeait les pull-overs, les gilets, les chaussettes et surtout les torchons de cuisine suspendus à l'intérieur de la porte. Je les revois encore ces torchons, dont j'ai appris à me servir très tôt, pour essuyer la vaisselle : ceux en fil avec des rayures rouges pour les verres, ceux en coton coupés dans des draps usagés pour les assiettes et les couverts. Les casseroles séchaient sur la cuisinière pour ne pas salir les torchons, à cause de leur fond noirci par le feu.

Et puis, le long du mur, la grande table de bois avec ses deux tiroirs. Dans l'un, les couverts et les cuillères de bois pour cuisiner. Dans l'autre, tout ce qu'on ne savait où mettre : crayons divers, bouts de papiers, bouts de ficelle, gomme, taille-crayons et aussi les journaux : Le Pèlerin, le Petit Gessien, la Croix du dimanche, Lisette et les rares cartes postales reçues je ne sais d'où. Ah, ce tiroir qu'il fallait souvent bourrer pour le refermer ! Ma mère l'appelait le tiroir du ch'nit. Côté mur, un banc pour les hommes, de l'autre des chaises empaillées *en bâche*. Et puis, l'escalier pour l'accès aux chambres, avec en dessous le *cagibi* à chaussures. En montant, les portemanteaux où l'on accrochait les vêtements de tous les jours. Contre ce mur, un *tablar* avec le poste de T.S.F. Je revois encore mon père, pendant l'occupation, monter sur la première marche de l'escalier pour se coller l'oreille au poste quand il arrivait à capter la radio de Londres, à l'insu des Allemands qui patrouillaient le long des maisons à l'affût, justement, de ceux qui écoutaient cette « radio ennemie ».

La radio ne s'allumait que pour les informations que l'on écoutait en silence au moment des repas et pour la chronique de René Payot le vendredi soir et les « dernières nouvelles de demain » de Geneviève Tabouis. C'était tout. Plus tard, je me souviens, mon père ne manquait jamais la pièce radiophonique du lundi soir. On écoutait essentiellement Radio Sottens.

La cuisine était la seule pièce chauffée de la maison. Toute la vie s'y concentrait, toutes les décisions s'y prenaient. Je la revois cette cuisine de mon enfance avec sa peinture bleue délavée et j'en ressens encore l'ambiance tiède et laborieuse. Je revois ma grand-mère assise près de la fenêtre tricotant les chaussettes et moi assise à côté d'elle dans mon fauteuil d'osier avec mes aiguilles à tricoter et mon peloton de laine rouge. Je devais avoir quatre ou cinq ans et déjà elle m'initiait à un travail qui serait plus tard l'une de mes activités principales.

Lorsqu'un visiteur entrait, il s'asseyait près de la grande table et mon père descendait à la cave tirer un pot de vin, dans ces pots de terre vernissée, vert foncé, achetés à la poterie de Ferney ou peut-être celle de Vanchy. S'il s'agissait d'un vieux domestique, il offrait un verre de « goutte ».

Quant aux « maquignons », il leur fallait bien des verres de vin et bien des va-et-vient entre l'écurie et la cuisine avant de conclure le marché ! Je revois encore Charles Desponds que j'irai interviewer quarante ans plus tard au chalet du Fierney pour écrire « Au royaume des bergers. » Son père avait été berger chez nous et venait de temps en temps se faire payer une tasse de café. Il maugréait contre la cafetière qui ne passait pas assez vite : « Avec votre « chaftale » à la gomme ! » Il disait aussi de mon petit frère qui commençait à marcher : « Oh, l'Henri, ça veut faire un puissant gaillard ! »

Quand quelqu'un arrivait sur le pas de la porte, on disait : « Entrez voir… » Si c'était en hiver et que la porte était fermée : « Entrez vite au chaud ! » Puis on offrait une chaise : « Asseyez-vous donc… » On se saluait à l'arrivée comme au départ en se disant : « Adieu », ce qui voulait aussi bien dire : bonjour, bonsoir ou au revoir.

Je n'ai jamais vu quelqu'un rester sur le pas de la porte, même un inconnu. Les enfants, eux, entraient chez les uns et les autres comme chez eux. Il y avait toujours du va-et-vient dans la cuisine et certains jours la porte « tournait » sans arrêt selon l'expression de ma mère.

Les travaux des champs terminés et les récoltes rentrées, toutes les activités de la maison se concentraient dans la cuisine. Celle que l'on attendait entre toutes, nous les gamins, c'était le sacrifice du cochon. Et quand celui-ci avait lieu un jeudi, c'était une chance car on pouvait suivre minute par minute le travail de Dominique Tambourini, le charcutier du village. Je me cachais lorsque le cochon sortait de son *boiton* en hurlant ! Mais à partir du moment où étendu à terre et vidant son sang dans la grande poêle où mon père le brassait énergiquement pour ne pas qu'il « caille », je ne perdais plus une « miette » de ce qui se passait.

A la cuisine, on avait dressé une longue table sur des tréteaux devant la fenêtre, et c'est là que la bête était transformée en rôti, roulés, jambonneaux, fromage de tête, tatos, saucisses, boudins, atriaux et *longeoles*. Je revois encore l'énorme plat installé au milieu de la cuisine où mon père hachait la couenne de lard au parteret pendant que ma mère préparait les épices et hachait les fines herbes. Tout le nécessaire à la bonne charcuterie familiale. Dominique travaillait jusqu'au soir, jusqu'au moment où l'on suspendait les perches de saucisses aux poutres du plafond. Elles y resteraient une huitaine de jours « gouttant » leur graisse sur un plancher qu'il faudrait récurer ensuite au *lissu* bouillant. Puis elles étaient montées au grenier où l'on avait conservé le boudin, enroulé sur la petite planche à lessive qui en garderait longtemps l'empreinte. Avant la tombée de la nuit, on avait rempli la pierre à saler où l'on viendrait chercher pour chaque jour de la semaine le morceau de lard du repas de midi et le roulé pour le « dîner » de la batteuse. Le lendemain matin, à la pointe du jour, on portait une longueur de boudin, quelques atriaux et un morceau de rôti aux voisins qui nous les rendaient lorsqu'ils tueraient leur cochon. Et puis ma mère fondait la graisse pour faire le saindoux qu'elle coulait dans les toupines et pressait les déchets pour faire les *greubons*. C'est ce qu'on attendait avec impatience, nous les gamins ! On les mangeait avec un morceau de pain pour nos « quatre heures » au retour de l'école. Mais ce qu'on préférait par-dessus tout, c'était la *raclure*. La couronne de pain que le boulanger Pinget de Fenières nous fabriquait avec le reste des *greubons*. Quel délice ! L'eau m'en vient encore à la bouche !

A la cuisine, on y faisait aussi les paniers et on y rempaillait les chaises avec la bâche que mon père allait couper dans les marais. Lorsque ma mère tuait une volaille, généralement pour le repas du dimanche, c'est à la cuisine qu'elle la plumait après l'avoir ébouillantée pour en attendrir la peau. S'il s'agissait d'un canard, le duvet était soigneusement gardé pour renforcer les édredons.

L'hiver, on écossait les haricots. C'était le travail de la Louise Zozo, une « vieille fille » qui habitait Choudans et qui, après avoir été femme de chambre à Paris, terminait sa vie en allant rendre de petits services chez les uns et les autres pour gagner son repas. J'ai vu durant toute mon enfance la Louise égrener les haricots qu'elle déposait dans son tablier, entre ses jambes. La Louise nous laissait ses puces, la hantise de ma mère. Je la revois encore, ma mère, en cousant le soir, défaire prestement la jarretière de son bas et saisir « l'animal » qu'elle écrasait entre le pouce et l'index en s'écriant : « Oh, la saleté de bête !!! » En remontant chez elle, la Louise longeait les haies pour y ramasser le bois mort avec lequel elle se chauffait. Ainsi pouvait-elle survivre avec ses modestes revenus.

A la cuisine, ma mère cousait sur sa machine Singer. Je la revois, près de la fenêtre pour avoir plus de lumière, remettre des pièces neuves aux pantalons usés, retourner les draps, confectionner nos tabliers d'école en Vichy à carreaux, se tailler des « ménagères » dans les tabliers robes usés, et nous confectionner des vêtements, pour son plus grand plaisir, car elle aimait coudre et savait tout faire. Par contre, elle ne tricotait pas, c'était le rôle de ma grand-mère, qui reprenait les jambes des chaussettes usées pour refaire des pieds neufs (on appelait ça « anter » les chaussettes) car les hommes qui marchaient beaucoup en travaillant dans les champs en usaient énormément.

La cuisine recueillait les odeurs de toutes ces activités, mêlées à celles des vaches que l'on ramenait de l'écurie. Heureusement, le feu de bois les absorbait et assainissait l'atmosphère. Mais à l'époque on ne parlait pas de pollution et les odeurs de la cuisine, comme celles de la ferme, étaient tout simplement celles de la vie.

Ah, j'allais oublier de parler des beaux dimanches avec les cousins de Genève ! Ces cousins venaient aux beaux jours car ils voyageaient en moto. Le cousin Titi habitait Sézenove, le cousin Zi, Genève. Ce dernier avait un side-car. Quel luxe pour nous qui en étions encore au char à banc ! Et avec ce side-car, il amenait la cousine Simone, sa femme, son fils Michel qui avait mon âge et sa fille Suzanne presque celui de ma petite sœur Bernadette. Mon frère Henri se situait entre les deux. C'étaient les beaux dimanches des cousins-cousines ! On sortait les poupées, les livres, les jeux de constructions, le Meccano, les albums à colorier, les crayons de couleurs… Il y en avait plein la cuisine ! C'étaient des jeux à n'en plus finir ! Et maman avait fait, pour le goûter, la tarte à la rhubarbe ou aux mirabelles selon la saison. Quel bonheur !

Je garde un souvenir empreint de chaleur et de douceur de cette cuisine où j'ai vécu des moments si forts. Et tout particulièrement des journées d'hiver, quand la bise soufflait glaciale, tenace, pendant trois, six, neuf ou douze jours, et quand la neige tombait en flocons serrés recouvrant le village d'un épais manteau durant les trois mois d'hiver. Il faisait « bon chaud » près du fourneau où craquaient les braises chaudes. La marmite de la soupe chantait doucement et la bouillotte nous enveloppait de sa douce vapeur. Je me revois encore dans cette ambiance chaleureuse, assise sur ma petite chaise, tricotant, avec sur mes genoux le Jaunet, mon chat préféré, tout pelotonné dans le creux de mon tablier. Si des choses aussi simples vous laissent de tels souvenirs, c'est parce qu'elles étaient chargées de bonheur de vivre, de paix et de sécurité.

Avec les cousins et cousines et les poupées. De g. à dr. : 1er rang : mes cousines Maguy, Jeanine et Suzanne, à l'avant ma sœur Bernadette. 2e rang : mon cousin Michel, mon frère Henri, mon cousin Gilbert et moi-même (1947)

Les gamins du village

Les gamins, une expression bien de chez nous, chargée d'affection et de tendresse : « Mon petit gamin, un bon gamin » ou bien un « sale gamin » quand il a fait quelque malice. Mais qu'on aimait quand même !

Pour les gamins de l'époque, le village était le lieu de vie, la famille, celui de la sécurité, l'école celui de l'autorité, la nature celui des découvertes. Le village avant les grands bouleversements des années cinquante, c'était l'école de la vie ! Les gamins du village sont ceux de ma génération et de mon village natal. Ecoutons-les raconter.

Amédée – on dit « Médé » au village – et François Demornex, sont les premiers garçons d'une famille de treize enfants, nés respectivement en 1935 et 1936.

Les jeux de leur jeune âge, c'était avec les animaux. Mais était-ce réellement un jeu ?

On habitait côte à côte avec ma grand-mère, alors on faisait marcher les deux fermes en même temps. On était nombreux en famille [(1)], nous on est dans les premiers, nés en 1935 et 1936, à quatorze mois d'écart. L'aînée est notre sœur Marie-Jeanne.

On a appris à travailler dès notre jeune âge et on a fait toute notre vie à la ferme. Quand on était gosse, on avait dix-sept

(1) Jeanne Charvet avait perdu son mari à la guerre de quatorze. Son frère Louis en était revenu mutilé. Ils ont fait tourner la ferme ensemble. Jeanne avait une fille, Marie-Louise, qui épousa André Demornex. Ils eurent treize enfants dont Amédée et François.

Classe de M. Collomba, St Jean (avril 1947). 1er rang de g. à dr. : Michel Blanchemange, Guy Gerlier, Louis Demornex, Roger Durand, Georges Brulhart. 2e rang : Gilles Patron, Paul Ferrolliet, Georges Jocallaz, Michel Durand, Georges Philippe, Claude Prodon, Georges Buccio, Claude Dalloz, Michel Zagagnoni, André Jocallaz. 3e rang : Jean Galparolli, René Ferrolliet, Robert Borcier, Jean Claret, François Demornex, René Vuaillat, Roland Loertscher, Henri Prodon, Roger Groscarret. 4è rang : Robert Goddet, Gérard Dalloz, Michel Vuaillat, Roger Patron, Henri Dubois, Maurice Martinet, Eugène Revellino, François Emery, Maurice Patron, Serge Martinet.

vaches et des génisses parce que le père élevait beaucoup. Et puis des moutons jusque dans les années soixante. Pendant la guerre tout le monde avait des moutons. On les tondait, on lavait la laine et on l'envoyait filer à Sallanches pour tricoter des chaussettes et des pull-overs.

En revenant le soir on les emmenait au Mont. Quand il faisait chaud, les moutons « s'embuissonnaient » en montant, ils se serraient dans les buissons.

Il n'y avait pas moyen de les faire sortir, on avait beau les tirer par la queue, ils ne bougeaient pas ! Ils étaient tellement serrés les uns contre les autres qu'on ne voyait plus leur tête ! Ils l'avaient sous le ventre ! Quand la fraîcheur arrivait, ils se mettaient à manger, alors il fallait rester tard le soir, jusqu'à dix heures bien souvent !

L'hiver on les emmenait dans les prés qui n'étaient pas semés. Ce qu'ils aimaient surtout, c'était les glands, alors on les laissait manger sous les chênes. Par contre certaines brebis n'en mangeaient pas, elles devaient avoir de mauvaises dents.

L'une de nos distractions en champ c'était de voir se battre les béliers ! Ils se donnaient des coups incroyables ! Une fois le bélier à Gallopin a été assommé ! C'était au Grand Pré, on voyait bien un amas de laine qui grossissait, c'était le mouton crevé qui gonflait ! Notre bélier lui avait fendu le crâne ! Il était furieux parce qu'il était chez lui, au milieu de son troupeau. Un bélier c'est aussi méchant qu'un taureau.

Quand les brebis faisaient les petits on les élevait tous. Nos moutons avaient assez mauvaise réputation. Quand on descendait du Mont, ils s'enfilaient dans les jardins du Grand-Chenevier et saccageaient les légumes. Les moutons à Polvet, c'était Attila !

En 1949, le père avait eu l'idée de les monter à la Polvette [(1)]. C'était l'année de la grande sécheresse. On avait dû descendre les vaches le 14 juillet ! Il n'y avait plus d'eau dans le *goya*. Elles étaient noires de boue tellement elles avaient piétiné dedans. En 1962, on avait dû redescendre aussi le 22 juillet à cause du manque d'eau. On en avait profité pour curer le *goya*.

Amédée : « La première fois que je suis allé à la montagne, j'avais huit ans. J'avais fait la montée et la descente. L'année suivante, le jour de la montée, les bergers avaient oublié les bidons pour faire boire les veaux. Ils s'en sont aperçu en arrivant au Mont. Je suis redescendu les chercher, mais je n'ai jamais pu les rattraper et je me suis trompé de sentier. J'ai abouti à Lachaz. Heureusement les charpentiers qui travaillaient sur le toit m'ont indiqué le bon sentier. J'étais quand même arrivé avec mes deux bidons mais ils m'avaient cherché partout ! J'avais neuf ans ! »

François : « Moi, je suis allé une année en champ aux moutons à la Polvette, ça devait être en 1948. Marc Piccini y était berger avec ses deux frères Marcel et Georges. Il n'était pas content de voir arriver des moutons. Les moutons ne devaient pas manger l'herbe des vaches, alors il fallait les tenir sur les rochers car les montagnes étaient déjà surchargées.

Des moutons en supplément, ça ne plaisait pas à Marc Piccini. Il faut dire que les moutons sont assez malsains, ils ont le virus du coryza gangréneux, ils portent le germe et le supportent, mais si les vaches le « chopent », ça peut donner des méningites. Alors, la nuit on les rentrait à l'écurie et on couchait au-dessus sur une espèce de plate-forme en tôle, recouverte de

---

(1) La Polvette est leur alpage au-dessus du village. Il s'est appelé successivement « Sur St Jean », « Chalet Demornex » et finalement « La Polvette » en raison du sobriquet donné à la famille.

paille. Les moutons ruminaient toute la nuit et il n'y avait pas moyen de dormir ! Et le matin, il fallait nettoyer les pétoles ! Par la suite Piccini n'avait pas voulu qu'on les remonte.

» Piccini descendait le fromage avec une meule. Il fallait aller jusqu'en bas avec puisque la route forestière n'existait pas encore. Une fois la mule ne voulait pas avancer. Elle portait un fromage de chaque côté dans le bât. Pas moyen de la faire bouger ! A force de taper dessus elle s'est énervée et s'est mise à sauter sur place tant et plus ! Les deux fromages ont giclé du bât et sont partis en roulant dans la pente pour aller s'éclater contre les fayards ! Je ne me souviens plus s'ils étaient encore mangeables !

» On était bien occupé, mais on allait quand même souvent jouer avec les gamins du Moulin. Ils avaient des jouets solides et pas compliqués : le jeu de l'oie et puis un autre avec un système de ressort qui lançait une boule. On en a passé des heures au Moulin !

» Et on jouait aussi sous le couvert, en bas de chez Emery. »

François : « Je me souviens du morceau de lard qu'on y avait emporté. On jouait aux ouvriers avec notre sœur Suzanne. On disait qu'elle était la maîtresse de maison, elle nous préparait le repas avec le lard. Quand on est gamin on aime bien s'amuser comme ça !

» On allait se promener au Mont. On se fabriquait des sifflets avec un morceau de sureau et des frondes avec une branche fourchue et un élastique, et on lançait des cailloux sur une cible. Mais il ne fallait pas se faire surprendre par les parents parce qu'ils nous les confisquaient. »

Henri Prodon est né en 1937, Georges Jocallaz en 1939.

Henri est l'aîné des garçons d'une famille de quatre enfants, Georges qu'on appelait Yoyo au village, disons Jojo aujourd'hui, est le deuxième d'une famille de trois garçons. Son père, poseur à la S.N.C.F., arrondissait les fins de mois en exploitant les talus de la voie ferrée dont il devait assurer l'entretien pour nourrir sa vache Fleurette, que tout le monde connaissait au village.

Jojo : « La maisonnette était une sorte de mini-ferme… Mon père avait aménagé le petit hangar qui y était accolé en écurie et avait tout d'abord acheté trois chèvres. Par la suite il fit l'acquisition d'une vache prénommée Fleurette. La pauvre, elle n'avait pas trop de place ! Sa queue frottait contre le mur et était souvent en sang ! Pour se coucher, elle était obligée de se mettre de travers, le derrière contre la porte. Moi, je devais avoir une dizaine d'années quand j'allais la garder en champ.

» Mon père ne possédait pas de terrain, alors je l'emmenais pâturer les talus du chemin de fer, la butte du réservoir d'eau qui avait la plaque de fonte du P.L.M [(1)] et sur les quais de la gare. Mais quand elle voyait un troupeau, elle partait en courant. Un jour mon père me dit : « Tu vas voir, on va bien l'arrêter de courir ! ». Il lui met une chaîne autour du cou avec un morceau de bois qui lui tapait sur les genoux. Mais la maligne, elle avait trouvé la combine : quand elle voulait se sauver, elle relevait la tête pour que le bois ne lui tape plus dans les jambes et elle partait en courant ! Un jour, Camille Prodon me dit : « Laisse-là pâturer près du lavoir ». C'était à côté de la maisonnette. Je la laisse, je rentre chez nous, un moment après, plus de Fleurette ! Elle s'était sauvée ! On l'a retrouvée à Malval, elle avait passé la frontière sans problème ! Oh, cette Fleurette, c'était quelque chose !

(1) Paris-Lyon-Marseille.

» Quand elle vêlait, on l'emmenait au château, car l'écurie était trop petite et le père la ramenait avec son veau qu'il installait près d'elle, puis il le vendait quand il était devenu gros. Moi je portais le lait à la fruitière avec ma petite boille.

» Mon père aimait cette Fleurette ! C'était sa première vache. Je crois bien qu'il en était amoureux ! Il allait la traire le matin avant de prendre la Micheline de cinq heures vingt et quand il partait, chaque fois qu'il passait devant l'écurie, quand elle entendait ses pas, elle faisait : « Meuh, meuh… ». Il l'a gardée jusqu'à la fin, elle devait avoir seize ans quand il a dû la faire abattre. Moi j'étais à l'armée quand j'ai appris la nouvelle. J'ai pleuré !

» On élevait aussi un cochon et c'était Durand qui venait le tuer à la maisonnette. Et puis aussi des lapins, des poules, des canards, des oies.

» Pour nourrir tout ce monde, mon père allait faucher, tout à la faux, les talus de la voie ferrée et je l'aidais à rentrer l'herbe. »

Henri : « Je me rappelle quand ton père fauchait, on lui prêtait des fleuriers pour rentrer son regain. C'est qu'à l'époque la voie ferrée était très bien entretenue, avec toute une partie empierrée. Oh, c'était quelque chose à ce moment-là, et les gens la respectaient ! Tu te souviens, on n'avait pas le droit de marcher sur la voie, il y avait un petit sentier qui la bordait et ton père ne voulait pas qu'on l'utilise. Quand il nous apercevait, il fallait vite dégager. Martinet, le chef de gare, c'était pareil ! Oh, la voie était « nickel » de Bellegarde à Divonne !

» Le P.L.M. (1) c'était fabuleux ! Quand on était gamin, on entendait siffler ces grosses locomotives quand elles arrivaient en

(1) Paris-Lyon-Marseille.

gare de Péron, on courait à la gare. On voyait arriver ces grosses machines. Quand tu es petit, elles te paraissent énormes ! Elles faisaient le plein d'eau à St Jean, justement grâce au réservoir du Grand Pré où tu allais faire pâturer ta vache. J'ai un souvenir de ce train, c'est incroyable ! Les machines brillaient, elles étaient astiquées pendant qu'on faisait le plein d'eau. Le mécano mettait des coups de burette partout, il rechargeait en charbon. Les chauffeurs allaient boire un canon. Quand ils remettaient la locomotive en marche, elle faisait : « Tut, tut, tut… tchec, tchec, tchec… ». C'était majestueux !

» Quand on fanait à la Combe, que le train passait, le conducteur donnait toujours deux coups : « tut, tut… » pour nous dire bonjour. On lui faisait signe et il nous répondait… »

Jojo : « Le papa, tous les matins il prenait la Micheline. Les gars le klaxonnaient avant d'arriver pour le prévenir parce qu'il était toujours à la bourre. Tu vois, le temps de traire et tout, il fallait se dépêcher… Alors, il prenait vite sa musette ! Quand c'était le train de marchandises il n'était pas pressé, alors le chauffeur s'arrêtait juste devant la maisonnette pour venir boire un coup. Oh, c'était toute une époque !

» Quand le train passait à un certain endroit, ça déclenchait la sonnette de la garde-barrière, alors il fallait vite aller fermer les barrières avant que les troupeaux arrivent. Je me rappelle de cette sonnette qui était comme une horloge, avec un poids et un marteau qui tapait contre la cloche. C'était moi qui la remontait.

» Fermer les barrières, c'était le travail de ma mère et la première Micheline passait à cinq heures du matin. J'allais tout le temps l'aider, elle ouvrait d'un côté et moi de l'autre. Je montais sur la barrière et je laissais aller. Un jour, la barrière s'est décrochée et a bien failli m'écraser ! J'étais dessous aplati comme une crêpe, ma mère ne pouvait pas la soulever... Attention c'est lourd une barrière ! Heureusement il y avait le Docteur Corcelle qui attendait que les barrières s'ouvrent, il a garé sa traction pour venir me sortir, d'autres paysans qui attendaient aussi avec leur char sont venus l'aider. Je m'en suis tiré avec des bleus partout ! »

Henri : « Toi, tu allais en champ le long de la voie avec ta vache, moi j'allais aux Chênes avec le troupeau de mon père, on avait une douzaine de bêtes. Il y avait à côté François Emery et un peu plus haut Charles Vuaillat. On partait le matin et on se faisait à manger. On cuisait des châtaignes et des pommes de terre. On construisait des cabanes et pendant ce temps les vaches se sauvaient. Je me rappelle qu'une fois je vois arriver mon père qui remontait les vaches, je m'étais même pas aperçu qu'elles étaient parties ! Une autre fois, c'était au Louchet, il y avait Henri Gallopin qui avait quelques années de plus que moi. Il fumait la pipe. Je lui cassais les pieds : « Prête-moi ta pipe ». Il me dit : « Attends je vais te rouler une cigarette ». J'en ai fumé une, ça allait, mais à la deuxième je suis tombé dans les pommes ! »

Jojo : « On allait en champ, mais on avait aussi chacun son boulot en rentrant de l'école : le gros bois à fendre, ça c'était pour mon frère Dédé, le petit bois à couper et à rentrer dans la caisse à bois... Et puis le jeudi, je te garantis qu'on ne chômait pas ! Le carré de carottes à désherber, donner à manger aux poules et aux lapins, nettoyer le boiton au cochon, trier les pommes de terre pour la soupe au cochon... Le père y ajoutait du pain sec. Oh, il ne mangeait pas de la cochonnerie ! Et puis scier les traverses de chemin de fer qui étaient dures comme du béton ! Quand le père rentrait le soir, il regardait ce qui avait été fait. »

La batteuse fabriquée par Georges.

Henri : « L'été il y avait les petits pois à égrener et l'hiver les haricots secs. On en avait tellement marre d'égrener ces haricots qu'on avait inventé de le faire avec une batteuse et c'est Georges Brulhart, dont le père était menuisier, qui l'avait construite à son atelier (1). L'automne il fallait aller ramasser les châtaignes et les pommes.

» L'hiver il y avait des tas de neige à l'époque et pendant deux mois au moins. Alors, c'était la luge, le bob. On allait de Feigères à sous St Jean. Quand on descendait de Choudans, il fallait se veiller le tas de fumier à Aristide au contour de la tannerie. Une fois on est tous rentré dedans !

» Une autre fois, on avait failli se payer le Docteur Durand. Il avait attendu qu'on remonte pour nous disputer : « Vous ne vous rendez pas compte de ce que vous faites ! »

Jojo : « Le gros bob descendait jusque sous St Jean, tandis que nous on s'arrêtait chez Demottaz avec le petit bob que Camille Prodon nous prêtait. Autrement on faisait de la luge en bas le village, depuis l'hôtel Demornex jusqu'à la maisonnette en attachant les luges. Le premier se couchait à plat ventre sur la luge de tête et glissait ses pieds sur la luge suivante, c'est lui qui conduisait. Il y avait quelquefois jusqu'à cinq luges accrochées les unes derrière les autres. C'était interdit de se luger parce que

(1) Photo de la batteuse.

la route devenait une patinoire, alors ils mettaient du gravier et nous on remettait de la neige par-dessus. Marceau le garde-champêtre surveillait !

» Quand j'allais chercher le lait à la fruitière avec mon petit bidon, il m'est arrivé deux fois de glisser et de renverser le lait ! Un coup, Riri Demottaz qui montait à la fruitière avec sa boille me voit pleurer :

- Qu'est-ce que tu as Yoyo ?

- Je viens de renverser mon bidon...

- Allez viens, je vais t'en donner !

» Il m'avait rempli mon bidon. J'étais content ! Tu sais, tu renverses le lait... les parents ne roulaient pas sur l'or ! Et puis on en consommait beaucoup. La deuxième fois, je suis arrivé avec mon bidon vide, le père a dit : « C'est rien... ». On s'est passé de lait.

» Pour Noël, mon père tuait une dinde, mais le four de la cuisinière n'était pas assez grand pour la faire cuire, alors on la portait chez Joseph Demornex (l'hôtel). Quand on avait mangé l'entrée, on montait la chercher avec la luge. On redescendait la dinde toute prête dans la lèche-frite, avec son jus, on n'avait plus qu'à la couper. On montait sur la luge et on descendait doucement en freinant avec les pieds pour arriver à bon port ! La dinde était chaude. La maman la découpait. On n'était pas les seuls à faire ça, certains amenaient des plats à cuire chez le boulanger Delecraz à la coopérative. »

Henri : « La première fois que j'ai fait du ski, je devais avoir une dizaine d'années. C'est le tonton Dédé qui m'en avait fait une paire avec des planches de frêne. Ils n'avaient aucune souplesse, tu prenais une taupinière et il n'y avait plus de ski ! »

Jojo : « Moi, c'étaient des douves de tonneau, avec des chambres à air d'auto clouées sur les côtés pour passer le pied. C'était élastique et ça tenait bien le pied. On allait chercher de la bougie à l'église pour faire glisser. »

Henri : « C'est qu'il y avait de la neige à l'époque ! Et pendant au moins deux mois ! »

Jojo : « Tu te souviens du triangle qui passait avec les chevaux ? Oh, ça c'est un souvenir ! Oh, là, là que c'était beau ! Tu voyais les chevaux avec les naseaux pleins de buée quand ils soufflaient. »

Henri : « Ils mettaient en tous cas six chevaux, Henri Vuaillat était sur le cheval de devant. »

Jojo : « Le triangle se réglait à l'arrière, quand il y avait trop de neige, il était tout étroit. Les hommes étaient assis sur le banc à l'avant. On entendait les grelots dans ce grand silence. Oh, ça, j'en garde un souvenir ! Quand ils arrivaient à la maisonnette, le papa les appelait pour leur offrir le vin chaud. Ils arrêtaient le traîneau au milieu de la route ! Il n'y avait pas de voiture. »

Henri : « Ce n'était pas comparable avec maintenant ! Tu te souviens l'hiver on portait des galoches. On allait acheter les semelles de bois chez Buhlmann sous St Jean. Le père remontait le cuir des anciennes sur les semelles neuves et clouait un bout de fer blanc devant pour qu'on puisse donner des coups de pieds dans les cailloux. S'il ne mettait pas la tôle, au premier coup de pied, pan ! La semelle se fendait et on n'osait pas rentrer à la maison ! »

Jojo : « L'été on portait les sandales que nous fabriquait le cordonnier Revelino. On allait s'asseoir sur le rebord de sa fenêtre pour le regarder travailler. Quand les sandales devenaient trop petites, mon père coupait le bout, tu avais les pieds qui dépassaient… ça faisait gagner une année ! »

Henri : « Nous on allait regarder travailler Marcaillou qui fabriquait aussi des paniers. Tous les gamins d'en haut s'y retrouvaient. Il aimait les jeunes. On rentrait dans son atelier qui était plein de puces. Je les ramenais à la maison et ma mère ne les supportait pas !

» C'étaient nos distractions. Mais il y avait aussi le cinéma Michel, tu te souviens, dans la salle chez Charvet. On était assis sur des bancs. J'étais allé voir « La bataille du rail. »

Jojo : « Nous on avait été le voir à Bellegarde. Mon père nous avait emmenés dans sa première voiture, une Matis avec la conduite à droite. Elle n'avait qu'un siège à l'avant et derrière un grand espace. Alors, il y avait la famille Jocallaz et la famille Durand : trois devant, quatre derrière et deux ou trois dans le coffre ! A la montée sur Greny, il fallait arrêter la voiture pour passer en première !

» Chez Michel on allait voir les films de Tarzan, puis après on allait faire des baraques dans les arbres… »

Henri : « Au début, il y avait les actualités Gaumont, moi j'y allais souvent pour voir le tour de France. Quand on partait, la mère Michel nous disait : « En tous cas venez voir le prochain film, il est beau ! »

Jojo : « Tu te souviens, on entendait le bruit de l'appareil qui tournait derrière et tout d'un coup, quelqu'un disait : « Stop ! ». Le film s'était cassé !

» On allait à l'école avec la blouse grise, elle était obligatoire. Après la guerre les gamins venaient tous avec le calot de l'armée, René Ferrolliet en avait toujours un. On portait des pantalons courts et l'hiver on avait des grandes chaussettes qui montaient jusqu'au dessus des genoux, elles étaient tenues par une jarretière qui avait un bouton à la culotte et un autre à la chaussette. »

Henri : « Oui, puis quand on y faisait un trou c'était le drame ! »

Jojo : « On portait la pèlerine, la mienne avait été confectionnée par la Tante Alice dans une capote kaki que mon père avait ramenée de l'armée. Il avait aussi rapporté sa musette dont on s'est longtemps servi pour aller faire les courses.

» En sortant de l'école à onze heures et demie, on allait au catéchisme. Avec Paupaul on se plaçait devant au bas de l'estrade, on était assis aux pieds de Monsieur le Curé et pendant qu'il nous donnait ses explications on prenait les lacets de ses bottines et on y faisait des nœuds… Il ne s'en apercevait pas ! J'aime autant te dire que le soir quand il se déchaussait il avait un paquet de nœuds à défaire ! »

Henri : « Il n'était déjà pas nerveux notre curé, et puis il était vieux… »

Jojo : « Un jour à la fin du caté il nous avait demandé d'aller sonner l'Angélus. Oh, alors, on était content ! Tu te tiens après la corde, elle te monte, elle te redescend, elle te monte encore plus haut… On devait sonner trois fois trois coups, mais on ne sait plus ce qu'on sonnait ! Les cloches carillonnaient à toute volée !

» On devait laisser glisser la corde, mais nous on se pendait après, on montait jusqu'au plafond, puis on se laissait redescendre… ça sonnait, ça sonnait, on n'arrivait plus à les arrêter. Quand le curé est arrivé à toute allure en bicyclette on a lâché la corde, elle a passé par le trou de la tribune, il n'y avait plus rien ! Oh, il ne nous a jamais plus redemandé d'aller sonner l'Angélus !

» Mais le meilleur souvenir que je garde c'est celui de la Mission en 1950, avec les pères capucins. Ils portaient la robe de bure, la capuche et la cordelette autour de la taille. Le Père Félix avait le bouc et le Père Ignace la barbichette. On n'allait pas à l'école durant un certain temps pendant la Mission qui durait trois semaines. A la fin, les pères avaient désigné trois gamins pour faire un sermon à l'église. Moi j'étais tombé avec celui de la Sainte Vierge. Alors j'allais m'enfermer dans un vieux wagon de chemin de fer vers la gare pour apprendre mon sermon. Le soir de la cérémonie tout le village était à l'église, c'était archiplein ! Des gens debout derrière ! Plus de place à la tribune ! Je suis monté en chaire, habillé en capucin, le Père Ignace restait dans l'escalier pour souffler en cas de trous de mémoire. Tu sais, quand tu montes les escaliers et que tu arrives dans la chaire face à tout ce monde, c'est émouvant ! Mais ça s'était super bien passé. Il y avait Monsieur Fournier de la Tate, il était venu dire à la maman : « Le plus beau sermon, c'était celui de votre fils ! »

Les jeunes de la paroisse pendant la mission. De g. à dr., 1er rang : le père Ignace, Mlle Chapuis assistante sociale, Mme Françoise Philippe, Marie-Jeanne Demornex. 2e rang : moi-même avec mon chapeau, Agnès Philippe, «Baby» Gallopin, Annette sa sœur, Jeanne Philippe, Guitte Gallopin, une inconnue. 3e rang : Paul Claret, Henri Gallopin, Denise Claret, Simone Buffaz, Robert Philippe, André Donche.

Chez Roger et Maurice Patron, on était neuf enfants. Chacun donnait sa part aux travaux de la maison tout en vivant intensément avec la nature, « école de la vie » dit Maurice.

Roger : « Moi je suis né le 12 novembre 1934, l'année de la sortie de la traction avant et j'ai fait « H.E.C. », c'est-à-dire la « Haute Ecole Communale ! » Elle commençait le 1er octobre mais les enfants de paysans âgés de treize ans pouvaient avoir une dispense pour aller garder les vaches. J'en avais bénéficié et je gardais deux troupeaux réunis les sept jours de la semaine. J'ai repris l'école le lundi 3 novembre 1947 et je n'ai jamais manqué un jour.

Maurice : « Eh, bien moi je suis né le 12 octobre 1936, j'étais une *crevure* paraît-il et on me disait le *croitre* ! »

Roger : « Tu t'es bien rattrapé depuis ! Et toi tu as fait l'Ecole Normale d'instituteurs de Bourg.

» Moi j'ai commencé l'école avec Monsieur Meunier et ensuite avec Monsieur Colomba qui a débuté à St Jean le 1er octobre 1945. C'était un très bon enseignant mis à part qu'il nous tapait un peu... Mais pas question de se plaindre à la maison, c'était normal ! Il nous disait tout le temps qu'on n'avait pas assez d'école : « Trente heures par semaine, ce n'est pas assez ! ». Il nous disait aussi : « La politesse coûte peu et rapporte beaucoup. »

Maurice : « Oui, quand on croisait quelqu'un dans la rue, il fallait dire « Bonjour Monsieur » ou « bonjour Madame » et enlever son bonnet. La discipline était de règle, aussi bien à l'école qu'à l'église. On n'en était pas malheureux à partir du moment où c'était juste. »

Roger : « Quand on reprenait l'école, après les vacances de Noël, les 3 ou 4 janvier, Monsieur Colomba était au sommet de l'escalier debout contre la porte d'entrée, on lui disait : « Bonne année, bonne santé Monsieur ! ». Il nous regardait avec son air imposant et il nous serrait la main. Et puis : « Allez à votre table et au boulot !

» Il portait toujours son béret et une écharpe sur sa blouse grise quand il montait manger à l'hôtel Demornex. A la récréation, il fumait sa gauloise sur le balcon tout en nous surveillant. Il avait l'œil ! Tu voyais aucun gamin faire une connerie envers une fille ! La conduite était de rigueur, et pas une parole déplacée !

» Le matin il faisait l'inspection de la propreté. Pendant la guerre, il y avait eu une invasion de poux. Il avait fait la remarque à la classe : « Il vous faudra faire comme les enfants Patron, vous tondre la boule à zéro ! ». Les filles avaient dû se faire couper les cheveux et on nous donnait des soins au vinaigre chaud et à la peignette ! Je me souviens de René de la Crotte qui ne se peignait jamais. Il lui disait : « Tu t'es encore « mé » peigné avec les pieds de ton réveil ! ». C'est vrai que la toilette était vite faite ! On se levait à sept heures, on allait chercher l'eau à la fontaine (elle n'est venue qu'en 1943 à Mornex), on la réchauffait avec l'eau de la bouillotte et on lavait le minimum ! »

Maurice : « On a fait un tas de choses avec lui, beaucoup de travail manuel sur le bois avec son petit atelier de découpage, il fallait savoir tout faire, c'était la préparation à la vie. Tous les matins, il y avait calcul mental sur l'ardoise, nous avons tous appris à calculer vite ; cette génération compte très vite de tête. A quatorze ans, il y avait ceux qui après avoir réussi le Certificat (préparation renforcée de Pâques à juin) allaient aux cours post-scolaires agricoles avec Monsieur Basquin et ceux qui entraient en apprentissage. Moi, je suis allé en sixième à Gex à douze ans. On partait tous les matins en Micheline avec notre repas de midi, on rentrait le soir à 7 heures et il fallait encore faire des devoirs. »

Roger : « Moi je suis allé aux cours de Monsieur Basquin pour préparer le C.A.P. agricole. J'étais avec Paul Claret quand j'ai passé l'écrit à Gex et l'oral à la ferme Léger à Cessy. C'était un bon maître Monsieur Basquin, il fallait l'écouter. Il nous apprenait qu'il fallait semer de l'azote dans les champs mais on n'avait pas d'argent pour en acheter ! »

Maurice : « L'hiver on allait à l'école dans des conditions difficiles, avec nos pantalons courts et nos bas de laine, et par tous les temps. On ne manquait jamais ! Et ça faisait un bout depuis Mornex, mais ceux qui avaient la vie la plus dure, c'était la Christiane et Roland du Grand-Clos. Ils venaient le long de la voie ferrée, l'été ils voyaient des vipères ! Et puis il fallait aller au catéchisme, à la messe et aux vêpres le dimanche… »

Roger : « Après la guerre, on allait aux manifestations au monument aux morts. Le 11 novembre 1944 (le premier après la Libération), les premiers qui sont arrivés c'était Joseph Coquet et Gust Tournier. Ils descendaient de Choudans sous l'averse de neige, la casquette sur l'oreille droite ! Je me souviens les anciens combattants étaient en haut du monument et nous les gamins en bas. »

Maurice : « Le 8 mai 1945 on était tous réunis sous le préau de l'école. C'était la grande fête pour la signature de la paix. Et la première fois qu'on mangeait de la brioche et qu'on buvait de la limonade ! On n'avait pas école ce jour-là et le matin on était allé aux muguets avec Paul Claret dans la forêt du Sauvage. On disait la forêt noire. »

Roger : « C'était traditionnel et on s'arrêtait chez la tante de Greny qui tenait un bistrot. Des fois elle nous achetait un bouquet ou deux. Je crois bien qu'elle nous les payait cinq francs avec les anciens billets bleus. »

Maurice : « Quand les Allemands sont partis en août 1944, j'avais huit ans, on est vite allé à la baraque de tir du Tové où ils venaient s'exercer. C'était rempli de balles de fusil. Avec René Ferrolliet et toute l'équipe on savait démonter une balle : on arrachait le plomb, on vidait la poudre et on y mettait le feu. Après on la mettait à l'étau, on tapait dessus pour la faire éclater ! On avait trouvé aussi un autre jeu : on plaçait une cartouche vide sur un caillou, puis on faisait tomber un autre caillou dessus, le choc faisait éclater la capsule... Un jour Roger était vers chez Ferrolliet, on fait ça, la capsule part à l'horizontale et lui rentre dans la jambe ! Il l'a gardée jusqu'au régiment ! Elle remontait tout doucement chaque année !

» Au stand de tir on avait aussi récupéré des tas de cartouches qu'on démontait. Voilà qu'une fois on découvre une caisse de grenades ! Heureusement un adulte est arrivé pendant qu'on essayait de frapper les grenades ! Oh, on devenait connaisseur ! Pour les *failles* on avait fait un grand feu au sommet du Gachet. On lançait des balles traçantes dans le feu, elles partaient en l'air, ça illuminait. On était malin, on les envoyait contre la montagne et on se couchait par terre en contrebas.

» Quand on avait des moments de liberté on montait à la Polvette ou aux Chavannes. Il n'y avait pas de risques d'accident.

» En juin on allait marauder les cerises. Le père Ferrolliet nous plaçait l'échelle au pied de l'arbre, Alfred Ducret aussi, mais on n'y allait pas, ça nous intéressait pas de monter sur une échelle, on préférait grimper sur celui à « Cidoux » (1) parce

(1) Alfred Durrafour avait reçu ce surnom car il chantait toujours « C'est si doux... »

qu'on savait que « Cidoux » allait venir rouspéter le lendemain et c'était pour l'agacer !

» On allait aussi chez Mazzuchi, chez Zanardi. La coiffeuse qui travaillait tard le soir m'a dit plus tard : « Je trouvais bizarre de voir bouger le cerisier ». Il y avait bien Marceau le garde-champêtre qui surveillait, mais on se méfiait ! »

Roger : « C'était pas le mauvais gars Marceau, il savait bien qu'il y avait des cerises pour tout le monde ! »

Maurice : « On était à l'école de la vie. On partait dans les bois, à la montagne. On allait à la messe au Reculet, à la grotte de la Marie du Jura. L'hiver on prenait les skis des grands et on montait au Confegnon, chez Philippi. On sautait les murs, on passait sous les branches des châtaigniers. »

Roger : « Quand les Jurassiens sont arrivés on a progressé. Robert Benoît-Gonin il était de là-haut, il savait bien skier, nous on était des petits rigolos à côté. »

Maurice : « On se lugeait aussi. On partait de chez Ferrolliet avec des luges accrochées, un petit assis sur la luge de tête et un costaud sur celle de derrière pour la diriger. »

Roger : « C'était dangereux, heureusement qu'il n'y avait pas de circulation à l'époque. »

Maurice : « Oui, mais il y avait le Docteur Corcelle avec sa traction ! Une fois qu'on descendait, je ne sais pas pourquoi en arrivant à la croix, j'ai tourné en direction de Fenières. Le Docteur Corcelle arrive, je le vois au dernier moment, il s'est mis à moitié dans le fossé ! J'étais blanc comme un linge et lui aussi ! Il m'avait passé une de ces astiquées ! Il me disait encore un peu avant de mourir : « Tu te souviens quand j'avais failli t'écraser ? »

Roger : « Heureusement que c'était un bon chauffeur ! »

Maurice : « Le soir, il y en avait toujours qui semaient des cendres sur la route. Mais on versait de l'eau par dessus ! »

Roger : « L'été on allait se baigner dans l'écluse de la tannerie. Il y avait Bébert Chatelard qui savait nager. On le regardait plonger, on était en extase devant lui ! »

Maurice : « Je ne sais pas quelle était la température de l'eau... Elle était froide ! On prenait des risques, mais à l'époque ça se passait comme ça ! L'été on allait pêcher les écrevisses dans les ruisseaux, entre Fenières et Thoiry, même au Biolet. Un coup on lève des pierres, on attrape des écrevisses qui faisaient bien quinze centimètres ! Une autre fois on était revenu avec plein un seau ! On essayait aussi d'attraper des truites, il y en avait de belles à Greny, et aussi en Ponfet. Mais fallait se veiller le garde-pêche ! »

Roger : « A Greny, il ne fallait pas y aller, notre cousin nous aurait bien chassés, car c'était un braconnier celui-là ! Une fois que j'étais allé aider à moissonner, sa mère nous avait servi de belles truites... Je dis : « D'où elles viennent celles-là ? ». Il me répond : « Oh, pas de bien loin... mais toi il ne faut pas y aller, tu ne sauras pas les braconner ! »

Maurice : « L'été il y avait un tas de gamins qui arrivaient à Mornex, les deux fils Mochon, Maurice et Daniel, Jojo Richard et puis celle qu'on appelait Grillon qui venait de Grilly. Il y avait du monde dans toutes les maisons. Alors, quand on allait en champ par Bois Cailla, on faisait du feu et on faisait cuire des châtaignes qu'on enfilait dans un fil de fer et qu'on déposait sur la braise. Des fois on s'amusait tellement qu'on ne gardait plus les vaches ! » Et puis on faisait toujours une cabane dans les bois, avec des branches, dans un endroit qu'on appelait les « petites montagnes » car c'était très vallonné. Les gamins de St Jean en faisaient aussi une et on essayait de la trouver pour la brûler. Eux faisaient de même ! C'était un peu la « guerre des boutons. »

Roger : « Oui je me souviens quand Jean Prodon nous avait eng… parce que j'avais laissé manger sa luzerne. J'étais avec Jojo, on s'amusait et les vaches allaient manger où elles trouvaient de l'herbe. Oh, bon sang ! On l'avait pas vu arriver ! Il n'était pas content ! C'est que chacun avait besoin de ce qu'il avait ! »

Maurice : « On allait aussi en champ au Mont, c'était divisé en lots. »

Roger : « Oui, mais on laissait bien aller les bêtes partout, il y avait si peu de pâture sur Mornex, c'était presque tout du bois.

» Moi j'ai appris à traire avec mon frère Milo, et aussi à faucher, à *enchapler*. On devait faire des tas de choses avant d'aller à l'école : *mouliner* les betteraves au coupe-racines ; ça c'était le travail des gamins et jamais on ne s'est coupé un doigt ! C'était pour faire la *lèche* avec la poussière qu'on récoltait à la batteuse. C'était l'enveloppe des grains. Tout avait une valeur !

» Au printemps on allait à la *bâche* sur Greny, pour faire la litière, elle se tire bien quand elle est sèche. On en ramenait quatre à cinq cents kilos, ça économisait la paille. Les années où la paille était très bonne, on la faisait manger aux génisses et aux bœufs qui étaient au repos, pour économiser le foin. On ramenait aussi des feuilles de chênes de Bois Cailla quand on allait nettoyer les prés. »

Maurice : « Au fur à mesure que tu grandissais tu avais une charge de travail différente. Quand on fanait tu chassais les mouches devant les bœufs quand tu étais petit, après tu avais le petit râteau, puis le grand râteau, et plus grand tu faisais le char.

» Et après, pour la moisson, tu ramassais les javelles. Je me rappelle à la Sendière, je vais pour attraper une javelle, il y avait une vipère aspic dessous ! Alors, là, quand tu es petit, c'est toi qui étends les liens. Au début ils étaient en paille de seigle, après en ficelle avec une rondelle.

» Une année, on moissonnait en Frangin, ce devait être en 1948 ou 1950. On ramassait les javelles derrière la faucheuse pour les mettre de côté. Des Suédois qui passaient sur la route nationale se sont arrêtés pour nous filmer. C'était extraordinaire à l'époque !

» Après les moissons, on allait glaner : récupérer les épis cassés qui restaient au sol. On partait tout l'après-midi avec un petit char à quatre roues. On emportait une bouteille de limonade fabriquée par notre tante Marguerite Jean [(1)]. On faisait des petites bottes de blé qu'on réservait pour les poules et les lapins. Mais il était inutile d'aller glaner dans les champs de Victor Buffaz. Sa mère et sa sœur Hélène allaient ramasser les épis cassés dans leurs grands tabliers blancs ! »

Roger : « A la batteuse il fallait récupérer tous les liens, on tirait un coup sec et la rondelle se défaisait très bien, mais il fallait faire gaffe qu'elle ne passe pas dans le batteur... ça pouvait t'emporter ! Les ficelles, c'était précieux, tout avait une valeur à l'époque, on gardait tout, même les clous rouillés ! »

Maurice : « Une chose dont j'avais horreur c'était éclaircir les betteraves ! Que la ligne était longue ! Je trouvais le temps long ! Par contre j'aimais bien aller à la vigne. »

Roger : « La mère, elle aurait passé tout son temps à la vigne. Elle allait effeuiller, c'était sa partie. Elle avait un coup de main extraordinaire pour faire tomber les gourmands. Ce qui était mauvais, ça lui fondait dans les doigts ! Elle avait tout le temps la poignée de paille à la bouche, elle la posait autour de la branche, elle formait comme une boucle et ça tenait !

» Elle mettait tremper les *claires* dans la fontaine la veille, elle allait les chercher de bonne heure le matin, ils étaient juste

(1) Recette de la limonade de Marguerite Jean : elle faisait infuser du tilleul dans de l'eau. Elle y ajoutait du citron et du sucre et laissait macérer une semaine environ.

humidifiés pour être souples. Elle partait avec son chapeau de paille, des fois pour la journée quand elle allait à la Frarie. Elle préparait un repas ordinaire, elle nous disait : « Vous vous débrouillerez... ». On tâchait de faire pour le mieux, on n'était pas difficile, on mangeait ce qu'il y avait, on lavait la vaisselle et on repartait à l'école. Elle faisait ses six heures de vigne d'un coup ! Elle devait juste s'arrêter un peu à l'ombre du pêcher.

» Elle *traisait* comme un homme et tu sais qu'elle faisait de l'écume ! On disait que le mauvais *traiseur* ne faisait pas d'écume, qu'il *tiacotait*, ou qu'il avait un chat sur les genoux qui buvait l'écume. »

Roger : « L'automne, il fallait aller ramasser les betteraves. Le plus dur c'était le 16 novembre 1944. Un jeudi Milo nous emmène tous en Bocré, il ne faisait que pleuvoir, on avait le char à bennes et les bœufs. Nous les gamins, on mettait les betteraves dans une brouette pour les amener au bord de la route et les charger dans le char. C'était tout dans l'eau cet automne-là, il ne faisait que pleuvoir. »

Maurice : « Et puis plus grand tu faisais ta semaine de batteuse. A quatorze ans tu étais en haut et à dix-huit en bas, aux sacs ! Et le repas de batteuse, c'était quelque chose ! Gamin, on admirait Monmon Girod quand il mettait sa batteuse en place. A travers Mornex c'était jamais facile ! Quand il venait dans notre cour il fallait la surélever, il avait un coup de main extraordinaire ! Quand tu étais sur la batteuse que tu coupais les liens, il n'y a jamais eu d'accident ! On connaissait les dangers... Il y avait un endroit où tu pouvais aller et un autre où tu ne devais pas aller. »

Roger : « On n'a jamais entendu parler d'accidents autour de la batteuse et pourtant il y avait des risques et pas de protection, mais on avait la prudence... »

Maurice : « Je pense qu'on savait appréhender le danger, par exemple, jamais personne ne s'approchait des courroies. C'était Monmon tout seul qui y touchait. »

Roger : « Il avait un coup de main avec le manche du trident pour faire partir la courroie, aller décaler la presse. Quand c'était fini, il venait avec un tracteur pour emmener la presse. Oh, ça ne traînait pas, il avait l'œil ! »

Maurice : « Nous les gamins, on était en admiration devant Monmon Girod. Il a commencé à battre tout seul à vingt et un ans, avec Roger Koli et Georges Clerc. Il était débrouillard, c'était un brave garçon. En 1954, Milo était tombé malade, on n'avait pas pu payer notre battage, il nous a rien demandé. »

Roger dans la cour de la ferme.

La batteuse de « Monmon » Girod à Mornex.

Telle était la vie des gamins d'autrefois. « On était tous pareils » disent la plupart d'entre nous. On se contentait de peu, un rien nous faisait plaisir. En famille, on apprenait les lois du travail et de la vie en société. On était solidement encadré par l'éducation des parents, complétée par celles de l'école et du catéchisme.

Anna

Anna Tournier est ma cousine et ma « conscrite » comme on dit chez nous, parce que nous sommes nées la même année, en juin 1932, à dix jours d'intervalle.

Elle habitait le petit hameau de Choudans à un bon kilomètre du village de Saint-Jean. Ses parents exploitaient une ferme trop petite pour employer un domestique et Anna étant l'aînée de la famille, remplaçait le garçon souhaité pour aider son père aux travaux des champs, mais sans jamais manquer l'école.

Je me rappelle quand j'allais à l'école avec ma sœur Yvonne, qu'on appelait la Vonette. On passait prendre ceux du Moulin, la Mimi, la Denise, Jean et Paulo. Le soir en sortant, on s'installait sur le mur à Totor Buffaz pour faire nos devoirs. On remontait à midi après le catéchisme qui était à onze heures et demie, vite on mangeait pour redescendre à l'école qui recommençait à une heure et demie.

Quand il faisait mauvais l'hiver, la « Tante Alice » qui habitait près de l'église nous attendait au bout de la cour : « Venez manger, ne remontez pas par ce vilain temps… ! ». J'y allais mais ma sœur n'a jamais voulu, elle remontait seule. Le matin avant d'aller à l'école je descendais le lait à la *fruitière* et le soir il fallait y retourner. François Charron nous avait fait un petit *barò* pour mettre la boille ; quand il y avait de la neige, on l'emmenait sur la luge.

Le dimanche, mais seulement pour les « fêtes carillonnées », on descendait communier à jeun à sept heures un quart - on ne communiait pas à la messe en ce temps-là – et on redescendait ensuite pour la messe de dix heures. Avant d'aller communier, je descendais à la *fruitière*. Ce que j'ai pu marcher sur cette route de Choudans !

Mon père travaillait avec des bœufs et c'était moi qui les conduisais. J'étais toujours partout devant les bœufs, quand on fanait, quand on labourait, quand on allait au bois. On en faisait des kilomètres ! Mon père ne faisait rien sans moi. Pour aller faner, il m'avait raccourci le manche du grand râteau de fer afin que je puisse le tirer. Pour aller aux betteraves, j'avais *un petit ratissoire* avec un manche à ma mesure. On éclaircissait et on ratissait en même temps, carré par carré, on avait l'impression d'aller plus vite !

Arrêt sur la place de St Jean avant de remonter à Choudans.
De g. à dr. : Guitte Gallopin, Yvonne, Anna et les estivants,
Auguste Tournier le père sur le char (1948 ou 49).

Quand on fanait au Mont (où on avait des lots), le père partait faucher le matin, nous on devait monter le dîner et le char avec les bœufs pour charger le foin. Quand on redescendait, il fallait tenir le foin avec les fourches pour ne pas qu'il renverse sur les chemins caillouteux. C'était un char à échelles avec des roues cerclées en fer.

Quand on fauchait le regain, avec la tôle qu'on adaptait au peigne de la faucheuse on le tirait avec un râteau au fur et à mesure qu'il était coupé et de temps en temps on faisait des petits tas. Après, il fallait aller le retourner pour qu'il sèche. On le rentrait dans les *fleuriers* et on le montait sur la grange avec la *catelle*. Elle n'était utilisée que pour les *fleuriers*, le foin on le déchargeait à la main.

On louait un terrain sous Saint-Jean (à 2 kilomètres) et quand on allait le faucher c'est moi qui devais aller le retourner et *l'accucher* le soir. Le lendemain, on descendait avec les bœufs (on mettait au moins une heure pour faire le trajet), on chargeait et on remontait à Choudans. Mon père nous arrêtait chez Demornex pour nous faire boire la limonade. Je vois toujours la petite table ronde, dehors, devant l'entrée de l'hôtel. Comme on était content !

On moissonnait avec les voisins, c'est qu'il en fallait du monde en ce temps-là ! On devait enlever les javelles au fur et à mesure que la faucheuse passait. L'après-midi, on allait lier. On posait deux ou trois javelles sur le lien que les hommes attachaient. C'étaient des liens de seigle que je faisais avec mon père. J'allais aussi au bois, toujours avec mon père et le passe-partout je connais ! On avait des lots à la « coupe ».

Les hommes coupaient le bois, après il fallait le sortir pour scier les troncs et c'est là qu'il faut être deux pour tirer le passe-partout. Avec le petit bois on faisait des fascines qu'on montait chercher avec la *lioge* que les bœufs tiraient. Pour descendre les troncs on mettait le *comalt*. Tout ça, c'était quand j'allais encore à l'école.

Et puis j'allais en champs. Je me rappelle de cette fois où je devais avoir cinq ou six ans, mon père avait monté les vaches vers le réservoir dans un pré entouré de haies. Il y avait juste un passage et il m'avait dit : « Tu n'auras qu'à te veiller qu'elles ne se sauvent pas par là ! ». Je ne sais pas ce qui s'était passé, quelle mouche avait piqué une vache ; tout d'un coup, elles sont toutes parties la queue en l'air ! Moi je me suis assise au pied du poirier et j'ai pleuré… Une autre fois, mais j'étais déjà plus grande, j'étais en champ en Maison Bailly, un pré dans les bois, je me suis endormie et quand je me suis réveillée il n'y avait plus de vaches !

Quand j'allais en Pré-Long, on était plusieurs gamins et on rassemblait les troupeaux. C'était au mois d'octobre quand il n'y avait presque plus d'herbe. On était toute une équipe : la Mireille Jacquemoud, Poupon à Tonin et encore d'autres… On passait les châtaignes dans un fil de fer pour les faire cuire sur un feu de bois. Une fois, j'étais en champ avec Ernest, un gamin du Nord [(1)]. Il y avait un chêne dans le pré et on s'amusait à grimper dans l'arbre. On avait laissé nos habits par terre. Quand on est redescendu, plus rien… Une vache avait tout mangé le linge !

Ernest Carron était d'Arras et il est venu plusieurs années de suite pendant les vacances. Il avait une sœur chez la Cécile et l'autre chez Georges Gallopin. Avec lui on s'amusait à laver les bœufs pendant qu'ils étaient couchés à l'écurie. On s'asseyait

---

(1) Pendant la guerre, les paysans accueillaient des enfants de la ville durant les vacances. Au Pays de Gex, ils venaient du Nord.

dessus et on les lavait ! Mon père, lui, lavait la queue des vaches et la frisait avec l'étrille. Un jour il me dit : « Tu veux que je te frise ? ». Il a passé l'étrille dans mes cheveux longs… Attention, pour les peigner le lendemain !

J'étais toujours avec mon père. Le dimanche je descendais à la messe avec lui. La Louise Zozo venait avec nous. Elle nous faisait bien rire quand elle s'arrêtait pour uriner. « Ah, Guste, on a beau temps » qu'elle disait à mon père tout en écartant sa jupe pour pisser un coup ! Elle devait avoir les culottes fendues d'autrefois, ou alors rien du tout ! Elle portait souvent un bas gris et un bas marron… La Louise, elle nous faisait bien rire !

Pour Noël, je descendais à la messe de minuit avec mon père et ma sœur. Le papa nous faisait marcher une de chaque côté de lui et il nous mettait nos mains dans ses poches pour avoir chaud. On s'arrêtait chez la Tante Alice pour se réchauffer, manger la *brozolée* de châtaignes et boire le cidre. Puis on allait écouter Joseph Emery qui chantait « Minuit chrétien ». Que c'était beau ! A la fin de la messe on allait mettre un sou à l'ange de la crèche qui disait merci !

Moi j'aimais aller à Challex, chez ma marraine qui était ma tante. Je devais avoir sept ou huit ans que déjà je partais le mercredi soir à pied. Je descendais le sentier des poules, je passais sous le pont de la voie ferrée, je prenais le chemin de Grand-Champ et j'arrivais sur la grande route ; ça me faisait bien six kilomètres ! Je suis toujours allée à Challex durant toute mon enfance, et toujours à pied. Plus grande, je prenais le vieux vélo de mon père qui datait de la guerre de quatorze et qui avait les freins au moyeu.

A Challex, j'étais chez moi. La marraine disait : « On la sortirait par la porte, elle rentrerait par la fenêtre ! ».

Je me souviens quand on écoutait les informations à la TSF, à midi ; il ne fallait pas dire un mot, sinon le parrain faisait les gros yeux.

La Denise était la fille unique de la maison. Elle avait une belle poussette et une belle poupée avec une tête en porcelaine. Elle me prêtait la poussette, mais pas la poupée, elle avait trop peur que je la casse. Alors le grand-père m'en avait fait une avec une betterave… Ma foi, je promenais la betterave ! Pour moi qui n'avais pas de poussette, c'était le rêve !

A Challex, j'étais chez moi.

*

Après avoir quitté l'école, à quatorze ans, j'allais en place l'hiver et l'été j'aidais toujours mon père aux travaux des champs. Et cela jusqu'à mon mariage avec Jean Corbin. J'avais vingt ans. Je suis venue habiter Billiat et là j'ai appris à traire pour aider mon beau-père parce que mon mari travaillait au barrage de Génissiat.

Aujourd'hui je suis veuve et je vis seule à la ferme. Mon plaisir est de cultiver mon jardin pour offrir des légumes à mes enfants.

La France

Elle est connue comme le loup blanc à Péron, elle est née Prodon et à ce titre elle est ma cousine.

Elle aime jouer avec son prénom si bien que ses petits-enfants en perdent leur latin : c'est ainsi que Nicolas lui demanda un jour : « Mais, Mémé, c'est comment ton prénom ? »

Félix Décombaz, de la Combe, se plaisait à l'appeler « Miss France ».

Elle est France Prodon de par sa naissance, France Charvet de par son mariage, alors, n'est-ce pas plus simple de dire tout bonnement « La France » ? Son prénom, c'est toute une histoire liée précisément à celle de la France sa patrie. Elle nous la raconte.

Je suis une enfant de la guerre. Je suis née le 31 août 1940. Ma mère était enceinte au début de la guerre et on avait prévu de m'appeler Victoire ! Mais comme il y a eu la défaite, on m'a appelée France. C'était par patriotisme ! Alors, je suis devenue « La France » !

Mes parents exploitaient la ferme familiale dans le haut de Péron. On était trois enfants, je suis celle du milieu, entre Marie l'aînée et François le cadet. A la maison, durant mon enfance, il y avait ma grand-mère Elisa [(1)] et mon oncle Louis, qu'on appelait le « parrain ».

(1) Une maîtresse femme p. 35 à 38 dans « Les filles de la terre ».

Mes parents étaient maladifs, ma grand-mère âgée, quoique encore active, et mon oncle handicapé. Il fallait assumer ! C'est pourquoi très jeune j'ai déjà participé aux travaux de la ferme.

Mais j'ai quand même joué à la poupée, comme les petites filles de mon âge. Mon parrain qui travaillait à Paris m'en avait rapporté une magnifique, grandeur nature, avec une tête en celluloïd, des belles lèvres roses, des petites dents blanches et des grands yeux bleus qui s'ouvraient et se fermaient. C'était une très belle poupée ! Il paraît que les petits voisins, quand ils l'ont vue sont allés dire à leurs parents qu'il y avait encore une petite sœur qui était arrivée chez les Prodon !!! Je l'ai toujours !

A l'âge de quatre ans, j'allais déjà accompagner ma mère à la vigne de Chanvière. On y allait à pied, pour la journée. C'était loin. Si j'étais réticente elle me faisait miroiter la boîte de sardines qu'on mangeait à midi. Ma mère effeuillait et m'initiait à enlever les fils. Je chantais quand je trouvais la journée trop longue. Je me souviens de la fois où on avait été prises par le mauvais temps, ma mère portait un chapeau de couleur rouge vif, il pleuvait tellement que le chapeau laissait sa traînée rouge tout le long de la route, derrière elle !

J'avais eu très peur le jour où on avait trouvé, dans le creux d'une souche, un nid d'oiseaux occupé par une vipère !

A neuf ans, j'ai commencé à traire les vaches. Mon père allait de moins en moins bien et le « parrain » allait à St Jean voir les cousins avec sa Citroën appelée l'oiseau bleu… Il n'était jamais là pour traire ! Alors mon père m'a appris à traire et je me suis mise au *botte-cul* ! Mon père, lui, s'asseyait sur un tabouret à quatre pieds et on l'aidait à se relever. Je me souviens, il chantait tout le temps en trayant : les vêpres en latin, le Ranz des vaches… On versait le lait dans la boille au fur et à mesure, mais je gardais toujours un litre et demi de lait tiède pour le cochon. J'avais Gaston le chat, qui venait se dresser contre ma cuisse quand je trayais, je lui giclais du lait dans la bouche ! Quand j'allais en champ, il venait toujours avec moi.

France se prépare pour la traite.

A l'écurie, on avait une jument qui s'appelait Colette, sa place était à l'entrée de l'écurie. C'était comme ça dans toutes les fermes, il y avait le cheval, puis les vaches et au fond le *boiton* au cochon avec une petite fenêtre et il fallait faire attention qu'il n'y ait pas de courant d'air parce que le cochon est fragile. Alors, il y avait son odeur dans l'écurie et les chevaux n'aiment pas ça ! Une année la jument avait pouliné et on l'avait mise au pré avec son petit. La jument je n'allais pas la chercher, je l'appelais : « Colette, Colette… » Elle venait, son poulain la suivait. Un jour, en passant sous les fils de fer barbelé, il s'est déchiré l'épaule. On a fait venir Monsieur Paoli le vétérinaire qui l'a recousu. Le lendemain matin, sa mère avait arraché tous les fils ! Elle était très en colère et tout excitée ! Le cochon sortait lui aussi tous les jours, et quand il est passé derrière elle (elle n'était pas attachée dans sa loge), elle l'a attrapé sur le dos et l'a mordu profondément. Le cochon est sorti en hurlant ! Elle s'était vengée ! Et depuis ce temps-là Monsieur Paoli qui était pourtant si doux avec les animaux, quand il entrait à l'écurie, il fallait sortir la jument et l'attacher dehors ! Elle ne pouvait plus le sentir !

Quelques années plus tard, Monsieur Paoli, qui était un homme extraordinaire et d'une gentillesse pas possible, me conseillait pour soigner les veaux et m'apprenait à leur faire des piqûres. Il m'avait même donné une seringue.

Deux ou trois ans après que j'aie commencé à traire j'avais une chienne, Finette, pour m'aider à descendre le lait à la *fruitière*. On avait une carriole avec de grandes roues et mon père avait fabriqué un harnais adapté à la chienne. Il avait dit : « Ça économisera la gamine ! » Tout allait bien jusqu'au jour où elle s'est mise à boiter. J'en parle à Monsieur Paoli. Il me dit : « Mais ma pauvre petite, on ne peut rien faire pour ta chienne, elle a les coussins des pieds complètement usés à force de tirer ta carriole ! » Alors, l'hiver, on avait une énorme luge et je descendais les boilles, avec la nôtre, celle du voisin et aussi celle à Marcel Gay. Je faisais une petite place à l'avant pour la chienne et pour remonter, je lui mettais le harnais, elle tirait la luge avec les boilles vides.

Finette attelée au barò pour porter le lait à la fruitière (1959).

A l'école on avait un instituteur, Monsieur Guillermet, qui avait la passion des arbres. Il venait beaucoup chez nous parce qu'on avait un verger avec de nombreuses variétés d'arbres [1]. Il prenait des greffons et il m'apprenait à greffer. Ces greffons, il les plantait vers le cimetière et à la fin de notre scolarité, il nous donnait un arbre. Avec l'aide de mon père je me suis mise à greffer moi aussi.

(1) Ce qui est à l'origine du verger tiocan.

L'hiver, je rempaillais aussi les chaises avec mon père. On allait chercher de la bâche sur Greny. Il fallait la tordre pour faire le coussin de la chaise et on mettait des bellus, c'étaient les petits copeaux de bois qu'on ramassait quand on sciait ou qu'on coupait à la serpe. J'ai encore les dernières chaises rempaillées par mon père, celles faites avec de la ficelle de botte qu'il avait tressée.

Après avoir quitté l'école, on allait, nous les filles, raccommoder le linge de l'église.

Quand la Marie qui dirigeait les opérations avait décidé qu'on devait aller deux après-midi par semaine raccommoder le linge de l'église et les habits du curé, on n'avait pas droit à s'amuser ! C'étaient les nappes de l'autel, l'aube du curé, les surplis des enfants de chœur. Il fallait laver, repasser, raccommoder et tout cela sous l'œil de maître d'Henri qui était là à faire ses paniers. Il surveillait notre travail ! Je me souviens de cette aube du curé en tissu tellement léger qui avait un accroc. Henri avait dit : « Ecoutez, c'est pas vous les filles qui allez faire ça ! » La Marie s'était appliquée à poser sa pièce, faire la couture rabattue du mieux qu'elle pouvait. Une fois terminé, elle était contente de son travail. Henri qui était là, prend l'aube et pousse une exclamation !!! La pièce avait été posée à l'envers ! La Marie en avait les larmes aux yeux, elle qui s'était tellement appliquée !!!

On allait aussi, en se relayant avec les filles de la Combe, allumer le feu à l'église le dimanche matin, à sept heures, en allant livrer le lait à la *fruitière*.

Marius Déconffin avait fabriqué un fourneau avec un fût à gasoil ! J'entrais dans cette église toute noire et toute froide, je devais aller chercher la clé à tâtons dans le chœur pour ouvrir la sacristie ! Et il fallait bien que le feu marche quand Monsieur le

Curé arrivait, parce qu'avec l'Abbé Fromont, qui était un ancien capitaine de l'armée, ça marchait tout à coup de pompe ! Tout le monde se tenait à carreau : les enfants de chœur et les filles qui étaient dans les premiers bancs. On n'était pas mélangé filles et garçons. Quand il montait à l'autel pour dire la messe, d'un seul coup d'œil il avait tout vu ! Si une fille n'avait pas son chapeau, il commençait son sermon en disant : « Aujourd'hui on fera la quête pour Mademoiselle X (il l'a nommait) pour lui acheter un chapeau. » Tout le monde balisait ! Quand il faisait des enterrements, il chantait le requiem, je l'entends encore avec sa voix de stentor. Je me rappelle toujours, c'était pour l'enterrement d'André Richard, il y avait deux hommes à côté de moi qui ont osé dire pendant la messe : « On voit qu'il est bien payé parce qu'il chante fort et bien ! »

Quand il nous préparait, pendant la retraite, pour la communion solennelle, ça marchait à coup de pompe !

Une fois mon frère François qui était enfant de chœur devait causer, le curé est sorti de la sacristie, il a fait deux pas dans le chœur : « François, ferme ta gueule ! » Il lui a botté les fesses, du chœur il a passé dans l'allée ! Ça marchait comme ça avec lui !

A mon baptême la Mimi Claret qui était ma marraine avait obtenu une dérogation, car elle n'avait que sept ans. Voilà qu'elle avait fait une rature en signant son nom sur le registre des baptêmes. J'avais été baptisée à St Jean et le curé de l'époque était l'Abbé Chanvillard. Quand j'ai voulu faire ma communion, le Curé Fromont ne voulait pas accepter l'extrait de baptême à cause de la surcharge : « Il faut rebaptiser la gamine ! » Pendant la retraite, il allait manger dans les familles où il y avait un communiant. Le jour où il était chez nous, il n'avait cessé de tenir le crachoir pendant tout le repas : « Il faut rebaptiser la gamine, il faut rebaptiser la gamine… » Il n'en démordait pas, il

L'alpage de Pré-devant sur le plateau de Retord où l'on montait les vaches. Jean « de la Poutouille », le berger, tient le taureau. Les enfants Gavaggio et leurs grands-parents, Louise et Edouard Richard (1930).

fallait annuler le premier extrait et en refaire un autre pour avoir une signature sans tache ! Ou alors demander une dérogation à l'Evêché. Finalement j'ai fait quand même ma communion le dimanche. Quand je me suis mariée dix ans plus tard, il était toujours curé de la paroisse et il a recommencé son cinéma ! On pleurait tous à la maison. Mais il m'a mariée quand même. C'est alors que j'ai appris les difficultés qu'avaient déjà eues mes parents lors de mon baptême. Le curé, qui était celui de Farges ne voulait pas me baptiser sous le prénom de France, pas reconnu au calendrier de l'église catholique. Ils sont allés voir celui de St Jean, l'Abbé Chanvillard, qui a accepté à condition de mettre un deuxième prénom accepté. Mes parents ont choisi Marguerite.

*

Après mon mariage avec Bernard Charvet, j'ai continué la campagne et au bout de quelques années je suis retournée à l'école pour devenir conseillère d'assurance à l'Est-Central de la caisse locale de Péron, devenue ensuite Groupama.

Les bêtes on les aimait

Charly Decré est né en 1926 à Sauverny mais c'est à Gex qu'il passa la plus grande partie de sa jeunesse. Son père fermier à Fol-Essert développa l'entreprise familiale avec l'aide de ses trois garçons dont Charly était le cadet. Tout comme Roger et Georges ses aînés, Charly participa très tôt au travail de la ferme. Hélène la petite sœur eut un statut différent.

La famille d'origine suisse se passionnait pour l'élevage. La « Pie rouge tachetée de l'Est » et plus tard les vaches de la Ferme Decré remportaient les premiers prix au Concours Agricole de Paris.

Charly raconte son enfance « derrière la queue des vaches »...

Sitôt qu'on savait marcher on allait à l'écurie, même tout marmot ! On était toujours avec les bêtes, on les aimait. Et sitôt qu'on pouvait s'asseoir sur un *botte-cul*, on prenait un peu de graisse à traire et on massait les tétines ; on disait qu'on *amouillait*.

A dix ans, je suis allé à la montagne aux Balises dans les Forêts-Monts,

Les enfants Decré. De g. à dr. : Georges, Roger et Charly (1928).

seul avec le berger. Le matin, à quatre heures un quart, il m'appelait pour aller *rapercher*. Après je portais le lait à la *fruitière* de Lajoux avec Riquet, un brave cheval, gentil comme tout, qui avait déjà plus de vingt ans. Le berger chargeait les boilles sur un char à banc et en arrivant à la *fruitière* quelqu'un me les déchargeait. En rentrant il fallait les laver, préparer le bois pour le chalet... Il y avait toujours quelque chose à faire. Et en fin d'après-midi, à quatre heures un quart, on retournait *rapercher*, et le soir je repartais à la *fruitière*, souvent à huit heures.

J'avais pris le cafard à la montagne, heureusement il y avait Jules Nicod qui était à la Burdine. C'était un homme gentil comme tout, il me disait : « Viens me voir mon petit ! » Alors après avoir mangé la soupe j'allais le voir et je restais souvent jusqu'à dix heures du soir. On était assis à côté du foyer, il me racontait des histoires... J'ai eu une chance extraordinaire ! Mais quand il a vu que je m'ennuyais toujours, il a téléphoné à mes parents pour leur demander de venir me chercher. J'y suis quand même resté un mois.

Après je me suis toujours occupé des bêtes avec mes frères. On avait un grand troupeau pour l'époque : vingt-cinq laitières, une quinzaine de veaux et autant de génisses. Une bonne cinquantaine de bêtes, quatre chevaux ; c'était déjà un « train de campagne » important ! On employait un berger et chacun de nous avait son travail : soigner les génisses avant de partir à l'école, étriller le jeudi et le dimanche, donner à manger, sortir le fumier, faire boire les vaches à la fontaine le soir en rentrant de l'école. On avait une écurie de douze génisses vers Journan, à la ferme Morel, on allait les soigner là-bas et il fallait faire très attention quand on allait les faire boire à la fontaine et que la route était gelée, on avait toujours peur qu'une bête se casse une patte car on ne salait pas à l'époque, on sablait seulement.

Les bêtes vêlaient toujours en novembre – décembre. Papa était très habile, il mettait la main dans le vagin pour voir si le veau était bien placé. Quand il sentait des difficultés, il faisait venir Monsieur Paoli le vétérinaire. Il arrivait toujours bien habillé, avec la cravate. Il posait ses habits, enfilait la blouse blanche. Une fois je ne sais pas ce qui était arrivé, la vache avait bousé et Monsieur Paoli avait tout reçu, il en avait jusque dans les cheveux ! Maman avait amené une bassine d'eau, il s'était lavé et était reparti cravaté et tout, comme s'il ne s'était rien passé !!!

Monsieur Paoli prenait son temps pour expliquer aux paysans. Il habitait Thoiry mais on pouvait l'appeler, à minuit, deux heures du matin, il arrivait… C'était quelqu'un de très doux, très humain, généreux… qui ne travaillait pas pour l'argent, un grand monsieur. Du reste on disait toujours « Monsieur Paoli ».

On aimait nos bêtes. On les appelait chacune par leur nom, les génisses aussi. Les chevaux, on n'en discute pas !!! Quand la Grise s'est cassé la jambe - c'était une jument - et qu'ils l'ont emmenée à la boucherie, tout le monde pleurait, personne n'a mangé ce jour-là ! Le pauvre charretier, on ne l'a pas vu pendant un ou deux jours… Il s'était culpabilisé.

On vivait avec le travail des chevaux. L'hiver on passait le triangle. En 1936, pendant le « front populaire », personne ne voulait enlever les poubelles à Gex, le maire Monsieur Grosfilliex téléphone à mon père : « Ecoute Félix, il te faut faire la voirie, il n'y a personne… » Alors il a démonté une vieille voiture, l'a transformée en char à pneus, et avec les chevaux, on a ramassé les poubelles…

Pendant la guerre, on faisait les enterrements avec les chevaux qui tiraient le corbillard avec ses roues en bois. On

Félix Decré avec Minette et Riquet, devant la ferme de Fol-Essert.

n'aimait pas ça, Roger et moi, parce qu'il fallait mettre la cravate et c'était le plus souvent Georges qui allait. Alors, le père avait trouvé une astuce : « Celui qui fait l'enterrement aura une demi-journée de congé. »

On avait une petite ânesse pour aller à la *fruitière*. Alors celle-ci elle faisait ce qu'elle voulait ! Pendant la guerre, quand on descendait, elle tenait toute la route ! Un jour le « fou du Pailly » (un officier allemand) arrive avec sa traction ! Le bourricot était planté au milieu de la route et ne voulait pas avancer… L'officier me dit : « Donne ta trique ! » Il lui tapait dessus en lui criant : « Avance Churchill ou je te tue ! » Moi je ne pipais pas mot !!!

L'été, pendant les fenaisons, il y avait vraiment beaucoup, beaucoup de boulot ! Quand on arrivait à la fin, papa nous disait : « Demain matin, ce n'est pas la peine de vous lever trop tôt, cinq heures un quart, ça suffit bien. » Alors, on allait se coucher en disant : « Merci papa ! »

L'hiver, on allait faire du ski le dimanche. On se levait plus tôt, parce qu'il fallait soigner les bêtes, aller à la messe. On allait à celle de l'hôpital à six heures. A huit heures on partait avec une équipe de copains. On montait à pied jusqu'au Mont Rond, avec nos skis en frêne sur le dos, on avait les épaules toutes rouges en arrivant en haut. On emmenait un saucisson et un morceau de lard dans le sac de montagne. On était heureux ! On était déjà des favorisés !

L'automne, on allait garder les vaches en champ jusqu'à la Toussaint. On était toute une équipe d'enfants de paysans et d'autres enfants de famille modeste qui allaient *boube*. Quand on arrivait en fin de saison on mettait tous les troupeaux ensemble. On était content ! Il y avait Louis Ducimetière, Jean Montesuy, Jean Malnuit qui surveillait le troupeau du Jean Trembellan.

Jean Montesuy avait des chèvres et un bouc. On l'avait excité ce bouc et il nous avait pissé dessus ! L'odeur du bouc, elle reste, c'est affreux ! C'était arrivé un jeudi et le lendemain en arrivant à l'école, Monsieur Curty l'instituteur dit en reniflant : « Qu'est-ce que ça sent ? Ça sent le bouc ? » Nous on baissait la tête… C'est vrai qu'on puait ! On avait bien mis la blouse d'école mais le pantalon, le pull et tout le reste avaient gardé l'odeur !!! Et à ce moment-là, on ne se changeait pas tous les jours et on ne se lavait que le samedi ! Déjà qu'on nous appelait les bouseux [(1)] à l'école !

✶

(1) La plupart des enfants de paysans n'allaient pas à l'école de Pâques à la Toussaint pour garder les vaches. A Gex, la petite sous-préfecture, on les différenciait par cette appellation.

J'ai été paysan jusqu'à dix-sept ans. Après j'ai choisi le métier de boucher parce que j'admirais Maxime le charcutier quand il venait tuer le cochon. Quand le curé au caté m'avait demandé quel était le plus grand jour de l'année, je lui avais répondu : « Le jour où on tue le cochon ! »

Papa nous avait dit : « Vous êtes trois garçons, si aucun ne reste à la ferme ce ne sera pas grave… Si vous voulez apprendre un métier vous gagnerez mieux votre vie et vous ne serez pas esclave sept jours sur sept ! »

Alors je suis parti en apprentissage et c'est Roger qui est resté.

On aimait mieux les vaches que l'école

Jean Antonioli est né à Fenières, un hameau de Thoiry, en 1939. Huitième enfant d'une fratrie de neuf, dans une famille de petits paysans travaillant une modeste exploitation en fermage, ce ne pouvait être l'abondance !

Comme dans beaucoup d'autres familles de l'époque, les enfants apprenaient très tôt à travailler à la ferme et ce travail auprès des bêtes avait plus d'attrait que la table de multiplication et les règles de grammaire de l'école.

« Ma foi, l'école ça passait en second comme pour beaucoup ! Le matin, il fallait se lever tôt, des fois à cinq heures, pour soigner les génisses avant d'aller à l'école. En revenant à midi, on devait aller pomper l'eau au puits parce qu'on n'avait pas l'eau courante à la maison (on l'a eue en 1954) et pas de fontaine au village. On pompait l'eau pour les besoins du ménage et aussi pour faire boire les vaches. C'est qu'il en fallait ! Une vache boit de soixante à

Le balayage de la cour par les enfants Antonioli (1948).

soixante dix litres par jour. Et on avait beaucoup de bêtes. On était toujours deux gamins et on pompait à tour de rôle.

On devait aussi aller en chercher pour la toilette du samedi. On ne se lavait qu'une fois par semaine. On la faisait chauffer dans la chaudière et on la versait dans une grande bassine où on se lavait chacun son tour… C'étaient toujours les mêmes qui voulaient aller les premiers et c'étaient toujours les plus grands qui gagnaient !

Il en fallait aussi pour faire la lessive mais, pour le rinçage, ma mère allait au lavoir et nous on menait la brouette. On commençait à faire tout ça à huit ou neuf ans. Oui, on était bien occupé !

L'été on allait à la montagne. Moi j'y suis allé toutes les années depuis ma naissance. Ma mère était descendue pour accoucher, puis elle m'a remonté. Elle allait tous les étés à l'alpage, d'abord avec le berger et après avec mon frère aîné qui avait douze ans de plus que moi. Moi je suis monté tout le temps avec elle et après, depuis huit ans, seul avec mon frère. On allait Sous-Lajoux aux Moussières avec une vingtaine de vaches, les nôtres et celles d'autres paysans. Le matin, je me levais en même temps que mon frère pour *armouiller*.

Là-haut, on fabriquait le Bleu et c'était le travail de ma mère, et plus tard on menait le lait à la fruitière des Moussières. Depuis Sous-Lajoux ça fait un bout ! On le menait avec la charrette et le cheval.

Je me rappelle quand j'allais au pain aux Moussières, c'était juste après la guerre, on avait encore les cartes de rationnement et il fallait attendre son tour. J'avais neuf ans et j'étais pas haut, alors tout le monde me passait devant et quand j'arrivais au bout, il n'y avait plus de pain. La boulangère disait : « Vous allez laisser passer ce gamin ! ». Quand on est petit, on n'ose pas dire ! C'était du pain de maïs et j'en mangeais la moitié en remontant... puis je me faisais disputer en arrivant ! Pour retourner au chalet, j'avais trois kilomètres à faire dans le bois, tout seul, et au mois de septembre quand les jours sont courts, c'était nuit lorsque j'arrivais. Les autres commissions, mon frère allait les faire aux Moussières et des fois il ne revenait pas... Je passais la nuit seul au chalet ! Heureusement, on avait la Zita, un bon chien de garde. Avec elle j'étais tranquille, je savais que personne ne pouvait rentrer. Une fois, je me réveille à six heures du matin, il n'y avait personne ! Mon frère n'était pas rentré ! Alors je vais chercher les vaches, je les rentre. Pour les attacher je devais monter dans la crèche à cause de ma petite taille. Mon frère ne rentrait toujours pas ! Je me disais : « Ben mon vieux ! Moi tout seul, qu'est-ce que je vais faire ? ». Vers les neuf heures je vois arriver la jeep des gendarmes avec mon frère. Il s'était battu à la fête de Septmoncel et comme il avait les vaches à traire, les gendarmes l'avaient ramené.

Jean à l'alpage (1949)

L'année d'après mon frère est parti au Régiment et on n'est pas retourné Sous-Lajoux. On a pris deux montagnes, une aux Moussières et l'autre au Retord.

J'avais dix ans quand je suis allé la première fois là-bas, j'étais avec le berger Arthur Ecuvillon et ma mère. On avait une quarantaine de vaches et on fabriquait le Gruyère. Mon père restait seul en bas avec les autres gamins pour faire les foins.

Les parents gagnaient peu et à l'époque ne recevaient pas d'allocations familiales. Les premiers qui se levaient le matin enfilaient les souliers et les derniers n'en avaient point ! On portait des bottes ou des sabots et l'été on avait chaud, alors on préférait marcher pieds nus.

Quand on moissonnait, on traînait les pieds pour ne pas se piquer aux *étroubles*. Je me souviens de ces souliers du dimanche que mon père était allé acheter à Bellegarde, ce devait être pour la noce à la Mimi. Il me ramène des jolis souliers vernis… Je les enfile, ils me serraient les pieds ! Il les remmène à Bellegarde… Il n'y en avait point d'autres ! Ce que j'étais déçu ! Je devais bien avoir quatorze ans et j'étais toujours en sabots et en pantalons courts. J'enviais mes voisins, qui eux avaient des pantalons longs, des boîtes de Caran d'Ache. Leurs parents travaillaient en Suisse et avaient une auto… On les prenait pour des riches ! Nos parents, à nous, ils devaient acheter de quoi manger et c'était beaucoup ! Quand on allait au magasin, on faisait marquer et on payait à la fin du mois quand on avait touché la paye de la *fruitière*, mais ça ne suffisait pas. Heureusement on avait le jardin, les poules et le cochon. On mangeait bien mais il fallait tout de même acheter le pain !

Alors, l'école dans tout ça !!! On n'avait pas envie d'apprendre, on n'avait que les bêtes dans la tête… On aimait les vaches ! Et puis on était en retard pour apprendre parce qu'on allait à l'école la moitié du temps… alors on ne suivait pas, on dormait au fond de la classe… La maîtresse s'occupait de ceux qui allaient au Certificat d'Etudes et les autres élèves qui étaient en avance nous donnaient les cours. On n'aimait pas aller à l'école. Et puis on n'avait pas le droit de lire à la maison. C'était interdit ! Dédé allait se cacher pour lire des livres de cowboys qu'il cachait à l'écurie ou à la grange… mais si le père les trouvait, attention !

Avec mon frère Dédé, un jour qu'on était de corvée pour allumer le feu, on avait bouché le tuyau du poêle avec un sac. Quand on a allumé, la classe était pleine de fumée ! La maîtresse a dit : « Il faut vous en aller, on ne peut pas rester là ! ». Elle est allée appeler Hermann Matti ; il a enlevé le tuyau et a découvert le sac ! On avait dû faire des lignes, mais on avait eu notre matinée de congé ! On n'aimait vraiment pas l'école ! Quand on me disait : « Tu vas en champ », j'étais content !

En champ, on y allait depuis le printemps jusqu'à la montée début juin et de la descente, début octobre, jusqu'à la Toussaint. On ne demandait pas mieux !

A quatorze ans, j'ai quitté l'école et c'est moi qui m'occupais des vaches, mais je *traisais* déjà depuis l'âge de douze ans.

Et puis je suis remonté à la montagne seul avec ma mère pendant quatre ans, Sur-Lyand au-dessus de Corbonod. J'avais quinze vaches à traire et les veaux à faire boire. Là-bas il fallait aller en champ car il n'y avait rien de clôturé. J'allais jusqu'au Grand-Colombier et je partais pour la journée avec mon casse-croûte. Je rentrais vers les quatre ou cinq heures du soir. J'aimais bien.

*

Après il n'y avait plus que moi pour travailler avec le père, mes autres frères sont tous allés travailler en Suisse. Mon père a vendu les vaches et moi je suis allé comme berger jusqu'au Service Militaire. Je suis parti en Algérie et j'en suis revenu blessé, un mois et demi après… Je ne pouvais plus travailler comme avant. Je suis allé au CERN en me disant : « Quand je serai à la retraite, je retournerai à la montagne… » Malheureusement j'ai fait un infarctus à 52 ans, qui m'a empêché de réaliser mon rêve. Mais je passe malgré tout une retraite agréable : je fleuris la maison, je vais à la chasse et avec Huguette mon épouse, on profite de tous les bons moments qui se présentent. On est heureux.

Amoureux des vaches

C'était par une superbe journée d'automne, le 18 octobre 1978. J'arrivai au chalet du Fierney, tenu par Charles Desponds et Léopold son berger, pour filmer la descente des vaches. Jacqueline, ma cousine, m'accompagnait pour les enregistrements.

Je n'oublierai jamais cette arrivée, là-haut, au lever du soleil, avec le tintement des sonnettes qu'on mettait au cou des vaches, les « tè, tè, tè » des hommes qui étaient là. Il y avait justement André Masson, que tout le monde appelait Dédé, qui semblait être le maître d'œuvre sur les recommandations de Charles le patron :

- Tiens, mets celle-ci à la Blanchette, celle-là à la Rita... Attends, celle-là ne va pas, il faut changer !

- C'est pire que chez le marchand de chaussures, bougonnait Dédé !

Une ambiance extraordinaire avec le son des sonnettes que l'on plaçait au cou des vaches, l'agitation fébrile des hommes, le meuglement des bêtes impatientes.

Et quand Dédé, dans son rôle de premier berger, partit devant le troupeau avec Léopold et qu'éclata le carillon des cloches dans les couleurs fauves des fayards, je compris qui étaient les seigneurs de la montagne ! Et c'est pourquoi quelques années après j'écrivis « Au royaume des bergers ».

Mais pourquoi Dédé, qui n'était pas paysan, aimait-il à ce point les vaches ? Un mystère qu'il vient juste de me dévoiler. Ecoutez plutôt.

Je suis né vers Journans à Gex en 1927. Mon père était facteur et a fait plusieurs postes avant d'être nommé à Divonne en 1932. Et c'est depuis ce moment-là que je suis venu régulièrement passer mes vacances chez mes grands-parents qui avaient une petite ferme à Miribel au-dessus de Gex, avec trois vaches, une génisse et un mulet.

A Divonne, j'étais tout le temps malade. Je faisais toujours des bronchites et quand je montais à Miribel, ça passait tout seul. J'attrapais aussi de l'impétigo ; huit jours à Miribel et je n'avais plus rien !

Le Docteur Roland qui me soignait disait à mon père : « Sitôt qu'il prend de l'impétigo, il faut l'envoyer à Miribel, c'est mieux que de prendre des médicaments ! » Moi, je ne demandais pas mieux parce que j'allais en champ aux vaches et c'est depuis ce moment-là, dès ma petite enfance, que j'ai été pris par l'amour des vaches !

J'attendais assis sur une botte de paille à l'écurie que le grand-père ait fini de traire et, avant de partir, je buvais un grand verre de lait tout frais sorti du pis de la vache. Oh, il y avait plus d'écume que de lait ! Après, il m'envoyait au Mont, derrière les Galas. Quand il venait avec moi, on faisait un petit feu et c'était grand nuit quand on redescendait. Sinon il venait me chercher, ou bien il criait depuis derrière la maison. Je reconnaissais sa voix et je revenais.

Les vaches avaient chacune leur sonnette, il y en avait toute une série suspendue devant l'écurie et quand j'étais en champ près de la ferme, je les changeais pour voir ce que ça donnait... Ça faisait rouspéter le grand-père !

Il m'avait fabriqué une petite brouette pour ramasser les bouses dans la cour derrière les vaches qui allaient boire à la fontaine, et comme le grand-père je montais vider ma brouette sur le tas de fumier. Oh, j'étais fier !

A Miribel, j'allais ramasser les noisettes, les pommes pour faire le cidre, rien ne se perdait à l'époque. Ma grand-mère qui portait un grand tablier qui lui venait jusque sur les pieds, si elle trouvait du foin tombé d'un char en passant près d'une haie, elle le ramassait dans son grand tablier, ça faisait pour les lapins.

La grand-mère, elle m'envoyait ramasser les groseilles. Oh, j'aimais pas ! Et puis, comme on n'avait pas l'eau potable à la ferme, chaque matin avant midi, je devais aller chercher l'eau. Je partais avec la poussette de mon père qui avait de grandes roues et la caisse en osier, j'y mettais deux grands arrosoirs et un bidon et j'allais chercher l'eau à la fontaine du Tonkin. Ça faisait bien trois cents mètres ! Et quand j'arrivais ma grand-mère disait : « Il me faut encore un voyage ! » Alors, ça c'était la corvée !

La grand-mère, l'automne, faisait cuire des poires. Je ne sais pas quel était leur nom, elles étaient un peu grises, assez rondelettes et assez grosses, et ça faisait un de ces sirops ! Je me souviens, elle les faisait mijoter nature, dans une marmite en fonte, sur le feu qu'elle allumait vers le soir pour faire la soupe.

Si je pouvais me sauver de la grand-mère, je n'y manquais pas ! Elle me disait : « Reste ici ! », mais moi je préférais être avec le grand-père. Je l'aimais bien ce grand-père, même s'il n'était pas causant, je pouvais passer la moitié de la matinée avec lui sans qu'il me dise un mot ! Mais derrière ses moustaches grisonnantes et ses petits yeux plissés, je devinais sa tendresse…

Il portait toujours son grand chapeau déteint par le soleil, et quand il pleuvait un chapeau noir avec des grands bords pour s'abriter et puis le sac à patates sur les épaules qu'il attachait avec un clou ! Il avait toujours le grand tablier bleu avec une immense poche sur le devant. Qu'est-ce qu'il y avait dedans ? Je me le demande bien aujourd'hui encore ! Et bien sûr les pantalons bleus et le *colletin*.

Il chiquait le grand-père et quand je venais à Miribel, mon père me faisait acheter un paquet de gris chez Jacquet à la Place du Pont. Quand je le lui apportais, oh, qu'il était content ! Il m'embrassait. Ça piquait bien un peu parce qu'il ne se rasait que le mercredi et le dimanche. Et encore ! Quand il fanait, il n'en prenait pas le temps !

Pourtant mon père venait l'aider, il prenait ses vacances à ce moment-là. Et aussi mon oncle qui travaillait chez un entrepreneur. Moi, je passais devant le char pour faire les andains.

Le grand-père coupait son foin avec la faucheuse tirée par le Mousse, son mulet. Je me souviens d'un coup où un paquet d'herbe s'était mis devant les doigts de la faucheuse, le grand-père avait sorti l'Opinel de sa poche : « Dédé, va me couper ce foin. » Le pré devait être propre comme un jardin et même une poignée de foin avait sa valeur ! Du reste, le grand-père fauchait les bords avec sa faux. Il était un excellent faucheur. Il fallait voir avec quelle minutie il *enchaplait* sa faux ! Il passait l'ongle sur le bord pour en vérifier le fil !

Les fenaisons étaient une période dure pour lui, mais ça ne l'empêchait pas de descendre à pied, avec sa boille dans le dos, porter son lait à la *fruitière* de Gex. Il allait matin et soir par la « Vie borgne », ce qui lui faisait bien trois kilomètres aller et retour. Et en rentrant le soir, il aiguisait ses lames de faucheuse. C'est moi qui tournais la manivelle de la meule. Et tout ça, encore, à soixante et onze ans !

Le grand-père était un infatigable marcheur ! Jamais je ne l'ai vu monter sur un char, même vide ! Quand il allait chez Lison à Gex-la-Ville chercher la sciure avec son tombereau et le Mousse, il marchait à côté du mulet. Si on partait faner, moi j'étais sur le char et lui à côté. Quand il allait chez son fils à Divonne, c'était à pied !

Dédé, Mousse le mulet et Antoine, le grand-père (1941).

C'est vrai qu'on marchait beaucoup à l'époque. Moi, je venais la plupart du temps à pied, tout seul, de Divonne à Miribel. Je passais par Vesancy, Gex-la-Ville, ça me faisait bien onze kilomètres. J'avais neuf ans quand j'ai commencé. Je me souviens d'une fois où j'étais avec ma mère ; on descendait de Vesancy tous les deux et arrivés au-dessus de Divonne – c'était tout en bois à ce moment-là – il faisait nuit, ma mère me dit : « Chante, on aura moins peur ! » Alors on s'était mis à chanter tous les deux !

Des fois, avec ma mère, on prenait le train et on montait à pied de la gare de Gex à Miribel. Quelquefois mon père venait me chercher à bicyclette et me mettait sur le cadre pour rentrer. Oh, je n'aimais pas le voir arriver, je pensais : « Si au moins je pouvais rester encore quelque temps !!! » Mais il fallait bien retourner à l'école.

L'hiver, je montais à Miribel pour Noël seulement, avec mes parents. On mangeait toujours le poulet, je me souviens d'un

Noël où il avait été un peu dur à cuire, le grand-père avait dit : « Il y a déjà bien un moment qu'il voit lever le soleil celui-là ! »

Mon grand-père est mort en 1942 à l'âge de soixante-douze ans, l'année de mes quinze ans.

Le grand-père était parti et pour moi l'école était finie. En 1940, j'avais fait une pneumonie et c'était le Docteur Léger, de Thoiry, mobilisé au 179ème qui me soignait. A ce moment-là, mon père envisageait de m'envoyer au collège d'Oyonnax, après mon Certificat d'Etudes. Le docteur avait été formel : pas question d'aller s'enfermer dans un collège, il fallait vivre au grand air.

C'est alors que mon père a pris contact avec Henri Gauthier qu'il connaissait bien et qui exploitait une grosse ferme à Sauverny. Il avait une soixantaine de bêtes et deux bergers. J'y suis rentré le 1er avril 1942, j'avais quinze ans.

Au début, je bricolais, j'allais au jardin. Ça ne me plaisait pas, je ne voulais pas rester, je me sentais enfermé ! Voilà, qu'un beau jour, l'un des bergers s'en va ! Le patron m'envoie alors le remplacer. J'étais avec Marc Chappuis, le premier berger. Je n'avais jamais vu autant de vaches dans une écurie ! Je me tournais d'un côté, d'un autre, je voyais des têtes partout ! J'avais déjà pris l'amour des vaches avec mon grand-père, mais alors, là, c'était l'apothéose !!!

Marc Chappuis a commencé par me faire *amouiller* devant lui, puis il m'a dit : « Tu trairas celle-là. » Alors le matin il venait m'appeler à trois heures et demie. J'ai commencé à traire une, deux et puis trois vaches.

Après, comme j'en *traisais* un peu plus, il se levait moins tôt. Un coup, c'était au petit-déjeuner, la grand-mère me dit : « Tu iras au jardin, c'est tout près pour planter là-bas… » Chappuis

Dédé avec les génisses à la Pièce d'Aval (2006).

s'est levé de table et a dit : « Maintenant que le gamin se lève quand moi, le jardin c'est fini ! » Je n'y suis jamais retourné ! J'étais le deuxième berger.

Et je suis resté chez Henri Gauthier, et après quelques années, j'ai épousé Edith, sa fille.

✶

Au bout de quelques années et après de multiples déboires, Henri Gauthier, qui n'était que fermier, a décidé d'abandonner la campagne. J'ai fait alors ma reconversion professionnelle, j'ai appris sur le tas le métier de ferrailleur en bâtiment. J'ai travaillé en Suisse jusqu'à l'âge de soixante-cinq ans.

Par bonheur, j'avais découvert Charles Desponds au chalet du Fierney, c'est ce qui m'a aidé à tenir.

A la retraite, j'ai décidé de retourner à la montagne, l'été, comme gardien de génisses. Tant que je pourrai aller, je ne quitterai pas les vaches.

La musique des pissenlits

Que faisaient-ils les gamins en gardant les vaches ? Les petites filles tricotaient sagement des chaussettes, les garçons construisaient des cabanes dans les haies ou alors faisaient de la musique. Certains jouaient de l'harmonica, mais c'était un luxe ! Les autres fabriquaient des sifflets ou soufflaient dans des tiges de pissenlits.

Jean Besson en fait encore la démonstration, avec plusieurs tiges de différentes longueurs, comme dans un orchestre !

Ecoutons-le raconter…

Moi je suis né, avec ma sœur jumelle en 1932, dans une famille de paysans à Tutegny, sur la commune de Cessy.

Tout gamin j'allais en champ aux vaches. On revenait à fond de train de l'école pour aller en champ, on y allait le jeudi et on manquait parfois l'école et on était bien content, parce que l'école on l'aimait pas tant !

On allait à l'école à Grilly, à pied aller et retour, quand il y avait de la neige on mangeait chez Desponds.

En champ, c'est là que j'ai appris à jouer de l'harmonica. Fallait rentrer les bêtes à la nuit. Alors, moi, j'étais couché dans l'herbe et en regardant le ciel je jouais de l'harmonica. J'ai appris tout seul.

En champ on s'amusait à faire des sifflets dans du noisetier, au printemps à la montée de la sève. On les faisait avec l'écorce, on faisait un trou, on entaillait puis on sifflait ! C'est comme avec les pissenlits : on coupait des tiges de plusieurs longueurs, on soufflait dedans et ça faisait l'orchestre ! Avec une feuille d'herbe aussi on arrive à faire de la musique, on la tendait bien entre les deux pouces et ça chantait !

On se faisait une pipe avec un marron que l'on vidait, on y enfilait un bâton troué et on fumait de la poussière de lotier ! Une fois j'avais voulu en fumer une, j'avais été malade !

C'étaient nos amusements. On faisait aussi des arcs avec des flèches. Puis on allait chercher des roseaux pour faire des flèches. On mettait un bout de roseau au talon de la flèche pour ne pas qu'elle s'abîme en retombant. C'étaient les distractions de l'époque. Une fois, j'avais attaché une branche à la queue d'une vache pendant que ma sœur l'étrillait. On s'était assis tous les deux sur la branche pour aller se promener, mais on n'était pas allé bien loin ! On attelait un escargot : on plaçait une ficelle autour de la coquille et il tirait un bout de bois ! Mais quand on attachait une casserole à la queue d'un chien, c'était pas la même !

Par contre, pour le 1er avril, on fabriquait des poissons qu'on accrochait dans le dos des filles, elles n'y voyaient rien ! Il y en a même qui étaient parties à l'école avec !

Mais quand le vétérinaire Paoli m'avait fait souffler dans le tuyau qu'il avait placé dans le vagin de la vache qui retenait son lait, j'étais content ! La vache faisait le gros dos et toc le lait descendait. Je me rappelle toujours, cette vache qui retenait son lait elle était la troisième en entrant à l'écurie.

Quand on allait à la montagne, on faisait les foins aux Crottes, entre le Collège et la Simard, mon père louait à Jean de la Lune. Je devais avoir une douzaine d'années. J'allais au chalet, c'était la Léonie, là mère à Léon Ray de la Simard qui *traisait*, on avait eu Vanel, Lequin comme berger. C'était Chevassus qui fromageait à la *fruitière*.

Je me souviens de cette année où une vache avait chopé le coryza qui rend aveugle. On était monté, avec ma sœur Jeanine, pour la redescendre. Mon père nous avait emmenés en voiture jusqu'à La Faucille, et on devait revenir à pied avec la vache. On s'engage dans le sentier du facteur, du Manon à Mijoux. Arrivée dans la descente du Montoiseau, la vache tombe en bas la moraine et reste coincée entre le talus et un *fayard*, les quatre pieds en l'air ! Quelle peur on a eue ! On est vite descendu à Mijoux pour demander du secours et quand on est remonté, la vache descendait tranquillement, avec sa sonnette, sans une égratignure !!!

Une fois mon père était monté chercher une bête pour la réquisition, c'était à la fin de la guerre, il y avait le Maquis, ils l'ont pris pour un collaborateur. Il y avait les Allemands à La Faucille, mais nous on avait le droit de mettre nos vaches de l'autre côté et d'aller dans le Jura. Mon père a été gardé trois jours, ma mère pleurait, elle nous disait : « Il faut aller chercher le papa ! » On n'avait point de nouvelles ! Charles Pélichet nous avait montés avec sa traction jusqu'à La Faucille et on était parti à pied jusqu'aux Crottes par le sentier du facteur.

Ma mère pleurait parce qu'elle avait mal aux pieds avec ses espadrilles. Puis d'un seul coup dans le virage de Lajoux, on aperçoit un homme qui « ébruchait » du foin. Je dis : « Regarde, c'est le papa ! » Les maquisards avaient gardé la voiture !

Aux Crottes, c'est là que j'ai appris à traire. En allant à l'école, on commençait par *amouiller*, puis après à la montagne, j'ai appris à traire. On *traisait* à *nille*, mais la Léonie, elle, *traisait* à la poignée. La Léonie qui était notre bergère était plus vieille que mon père, alors on l'aidait en faisant boire les veaux, après c'est moi qui était berger.

✶

J'avais raté mon Certificat d'Etudes, alors mon père m'avait dit : « Tu seras paysan. » J'ai fait le paysan jusqu'à vingt-huit ans, et puis ça n'allait plus avec mon père, alors je suis parti. J'ai appris le métier de serrurier, sur le tas… et à la mort de mon père je suis revenu à Tutegny et j'ai construit un atelier de serrurerie. Mon fils Philippe a repris la succession.

Louis Besson, Max le taureau et Jean (1945).

Lettre de René

René Colliex, je l'avais rencontré lorsqu'il animait la vie du Canton de Collonges au sein du Syndicat d'Initiative. Il m'avait invitée à présenter mes diapositives sur l'alpage et plus tard à la projection de mes films à cette fameuse journée artisanale de St Jean, qui avait connu un vif succès.

A la fête artisanale de Collonges de 2005, il était là en visiteur et lorsque je lui ai annoncé le titre de mon prochain livre « L'école derrière la queue des vaches », il s'est écrié : « Alors, moi aussi j'y suis allé à l'école derrière la queue des vaches, et je pourrais vous en raconter ! »

Quelque temps après, je recevais la lettre que voici :

Anne-Marie,

Je vous résume simplement ce que fut mon enfance.

Je suis né à Thoiry le 17 juin 1930 où mon père travaillait aux chemins de fer et ma mère gardait le passage à niveau de Fenières. Quelques années après, ils ont été déplacés près d'Oyonnax et là nous devions faire un kilomètre cinq cents à pied, quatre fois par jour, avec mon père et ma sœur pour aller à l'école de Bellignat. Nous étions trois enfants et je suis le dernier de la famille.

En 1937, mes parents furent nommés à Chassal dans le Jura, à dix kilomètres de St Claude. C'est là qu'en 1939 mon père se noie accidentellement dans la Bienne. Ma mère reste alors veuve avec trois enfants et c'est le début de la guerre. Ma sœur a quinze ans et doit abandonner l'école pour aller travailler à l'usine, mon frère a quatorze ans et part six mois de l'année comme commis de ferme.

En 1942, j'ai douze ans et nous sommes en pleine période d'occupation et de restrictions. Je suis placé dans une ferme à Chassal : ce ne fut pas la plus belle année ! Je devais garder seul une dizaine de vaches et trente moutons. Et les patrons n'étaient pas très complaisants. Ma mère habitait à trois kilomètres et je ne pouvais même pas aller la voir le dimanche ou très rarement !

En 1943, j'avais treize ans, j'ai été placé dans une ferme près du lac de Chalain, dans le petit village de Fontessu, où il n'y avait que des fermes. Je crois que j'y restai de début mai à fin septembre. Le travail y était dur : debout à six heures du matin pour nettoyer les écuries, pousser de lourdes brouettes sur le tas de fumier, porter le lait à la fruitière et ensuite aller garder les vaches sur les communaux, au-dessus des rochers qui dominent le lac. L'après-midi, après une petite sieste, il fallait aller faire les foins, puis les moissons. Tout ce travail était pénible car tout se faisait à la main : lier les gerbes, charger les chars, décharger à la grange.

A la fin août, les moissons étaient battues à l'intérieur des granges, avec le tracteur à l'extérieur et la grande courroie qui entraînait la batteuse. Vous pouvez vous imaginer la poussière qu'on avalait !

A l'automne, nous allions faire la provision de bois pour l'hiver. J'aimais beaucoup ce travail, mais ce qui était pénible c'était la coupe des gros arbres qu'il fallait abattre au passe-partout et travailler accroupi ou à genoux.

J'aimais bien l'automne car je partais la journée entière avec mes vaches et mon chien. Ma patronne me préparait mon repas de midi : un œuf cuit dur, une tranche de lard, du fromage et une pomme. Quand il faisait mauvais temps, j'avais une grande pèlerine qui était très lourde lorsqu'elle était mouillée. Nous nous retrouvions plusieurs bergers dans le même coin de pâturage et nous allions à la maraude des pommes de terre. Nous les faisions cuire sur la braise car nous avions toujours un feu de bois.

J'ai un très mauvais souvenir de cette époque : un jour, je suis rentré sans le taureau, je l'avais perdu ! C'était un très beau taureau qui, malheureusement, était tombé en bas des grandes roches. Bien sûr, ce n'était pas la joie car j'avais eu les « honneurs » du patron ! C'était quand même une grande perte pour eux. Nous étions quand même heureux car nous mangions à notre faim, ce qui n'était pas le cas pour beaucoup à cette époque de restrictions. Un souvenir qui m'a marqué : je dormais dans un lit dont le matelas était en feuilles de maïs séchées… Cela ne m'a pas empêché de bien dormir !

Pendant ces cinq mois, je ne rentrais jamais à la maison. Ma sœur me rendait visite de temps en temps ; elle devait faire quarante kilomètres en vélo. Elle emportait un peu de ravitaillement et c'était appréciable en ce temps de guerre.

La dernière année où j'avais été placé dans les fermes, c'était en 1945, je l'ai passée chez mon ancienne patronne qui s'était mariée à Montrond, toujours dans le Jura, avec une personne qui rentrait de cinq années de captivité en Allemagne. Là, je n'étais plus berger mais commis. J'exécutais tous les travaux quotidiens de la ferme : nettoyage des écuries, brossage des bêtes, portage du lait à la fruitière, fenaisons, moissons. Et puis abattage du bois à l'automne et au printemps. Le labourage s'effectuait avec une paire de bœufs. C'était un travail long et pénible car je marchais avec des sabots de bois et quand la terre était humide, il fallait souvent racler le dessous. Et puis, retourner la charrue à chaque extrémité du champ.

J'avais une seule distraction, le dimanche quand j'allais garder les vaches en champ ; je disais au petit berger de rester chez lui, comme cela j'étais tranquille toute la journée et je pouvais lire quelques livres.

Croyez bien que je n'ai pas gardé un mauvais souvenir de cette période de ma jeunesse. A cette époque, la vie était ainsi !

Bien sûr, je n'ai pas pu poursuivre des études, mais malgré tout la chance m'a souri et j'ai eu une vie heureuse. Ce passage dans les fermes m'a surtout forgé un bon moral et m'a permis d'entrer dans la vie active.

A dix-sept ans, je suis allé travailler à l'usine et depuis ce moment-là j'ai pratiqué du sport. Cela m'a permis de m'épanouir et de développer mon corps, et de rentrer dans des associations qui m'ont beaucoup apporté.

En 1965, c'est le retour au Pays de Gex ; je viens habiter Collonges et j'entre au CERN dans une entreprise de nettoyage tout d'abord, et ensuite je passe à l'entretien mécanique. Durant toute cette période, j'ai participé activement à la vie associative : je me suis occupé du foot durant vingt ans, j'ai été président du Syndicat d'Initiative pendant treize ans et j'ai été très actif pour l'animation du Fort l'Ecluse lorsqu'il s'est ouvert au public.

Maintenant, je regarde le Jura, depuis St Cergues en Haute-Savoie, où je vis une retraite paisible.

Voilà ce que fut ma vie.

René Colliex

74140 St Cergues,
le 15 janvier 2006

A l'école des moutonniers

Des moutons sur le terrain d'aviation de Genève-Cointrin ! Qui a vu ça ? Les plus anciens d'entre nous peut-être ? Mais aussi Quentin Zuccone, le petit garçon qui allait faner sur la piste et parler avec le pilote de l'avion à hélice !

C'est tout un monde qu'il nous fait revivre avec les transhumances sur le Jura et les traversées de Genève pour emmener les moutons pâturer les glands sous les chênes de Puplinge ou les conduire aux abattoirs de la ville.

Dans le « Royaume des bergers », j'ai écrit longuement sur la grande migration et l'histoire de la famille [1]*, mais ici Quentin raconte sa vie d'enfant avec les moutonniers.*

C'est à Collonges que je suis né, en février 1921. L'hiver était rigoureux et la cour toute verglacée, mon père avait ferré un cheval avec des crampons spéciaux pour aller chercher Mademoiselle Gourgier, la sage-femme qui habitait Logras. J'y suis resté jusqu'à l'âge de quatre ans.

Ensuite mes parents sont allés habiter à La Caroline au Petit-Lancy, puis à Mategnin où j'ai passé la plus grande partie de mon enfance.

Mon père faisait le commerce de moutons. Il était d'origine italienne et était retourné dans l'armée en Italie pendant la

(1) « Au Royaume des bergers », pp. 184 à 203.

Les moutons pâturent sur le terrain d'aviation de Cointrin (1938).

guerre de 1914-1918. Il est mort en 1928. J'avais sept ans et j'étais le dernier d'une famille de cinq enfants.

Ma mère ne s'est pas découragée et a continué seule ce que mon père avait entrepris. Il louait – avec le concours d'un frère de mon grand-père qui était du métier – le terrain d'aviation de Cointrin pour faire pâturer des moutons qu'il achetait dans les Grisons et qui étaient revendus une fois engraissés aux abattoirs de la ville.

Quand je suis arrivé à Mategnin, j'étais tout gamin et j'allais à l'école à Meyrin. Comme il y a un kilomètre et demi, j'avais un copain, le fils d'un douanier, qui avait une bicyclette. Il venait me chercher et je montais sur le cadre. C'était une petite école avec la mairie à l'étage et les deux classes en dessous. Monsieur Biclairo était l'instituteur, il avait des gants qui allaient jusqu'aux doigts pour tenir sa plume parce qu'il avait froid aux mains. Une cloche sonnait l'entrée, si on arrivait en retard il fallait courir !

Monsieur Ducret le boulanger était très gentil. Quand il venait à Mategnin livrer le pain avec sa fourgonnette, il nous autorisait à monter à l'arrière. Il y avait un marchepied et des barrières. Il nous disait : « Tenez-vous bon ! » et il roulait tout doucement. Comme on passait devant la boulangerie pour aller à l'école on lui demandait : « A quelle heure vous allez à Mategnin ? » Et il nous prenait.

On allait au catéchisme à l'autre extrémité du village, le jeudi. Le dimanche, il fallait assister à la messe. La petite messe et la grand-messe parce que j'étais enfant de chœur. On devait couper le pain que le curé bénissait et on le distribuait dans un grand panier, à la fin de la messe.

Ma mère était « main de fer dans un gant de velours ». Elle était née en Italie entre Bergame et Brescia. Je ne l'ai jamais entendue chanter, je ne l'ai pas vue souvent rire ! Le fait d'être veuve avec cinq enfants à élever lui causait beaucoup de soucis, et puis ce gros train d'exploitation, avec les moutons, les vaches et le personnel.

Moi, tout gamin, je commençais à bricoler. Mon travail à la ferme c'était l'été d'aller râteler pendant les fenaisons, sur le terrain d'aviation. Les avions passaient pas très loin, on connaissait les horaires. Je me souviens du premier avion qui faisait Lyon – Genève, un seul par jour, il partait le matin et revenait l'après-midi. C'était Monsieur Charpentier le pilote. Il atterrissait sur l'herbe et il fallait tenir la piste fauchée de près, les avions atterrissaient toujours à peu près au même endroit. C'étaient des petits avions à hélice et moi j'allais tout près. J'aimais aller trouver le mécano… J'étais heureux, moi, tout gamin, d'être là sous un avion qui va partir, je voyais le pilote à découvert avec son casque !

Quentin aide les ouvriers aux travaux des champs (1938).

Pour aller à la montagne, il fallait boucler tous les moutons pour le contrôle à la douane. On faisait une loge dans le hangar de l'aviation et c'est moi qui attrapais les moutons. Puis j'ai commencé à aller chercher les glands et les marrons qu'il fallait écraser pour les donner aux moutons. Ils venaient de grandes propriétés comme l'Ariana. On nous les vendait dans des sacs et il fallait aller les chercher avec un char.

Les moutons arrivaient au printemps et on les tondait avant de les monter au Bévi. J'allais à la montée. La première fois que je l'ai faite, c'était mon père qui s'en occupait et il avait loué La Quible. Ce jour-là, on était passé par St Genis, puis Echenevex et on avait couché dans un pré au-dessus de Gex, vers chez Ducimetière. Le lendemain matin on avait pris la vieille Faucille.

Le moutonnier était resté à La Quible, il avait son ravitaillement au Bévi que je lui apportais. La famille Duvillard montait la marchandise jusqu'à l'écriteau du Bévi, c'était le bout de la route du Fierney, elle n'allait pas plus loin à ce moment-là. De là, on montait tout à dos, la polenta, le sel, le fromage, le sucre, le café, toute la nourriture des bergers.

On formait deux troupeaux, un restait à La Quible une quinzaine de jours et après il venait au Bévi, il pâturait au sommet, le berger logeait dans sa cabane, côté Prafion, l'autre dormait au chalet du Bévi. Dans le bas du pâturage, c'étaient les vaches ; on engraissait des veaux et avec le trop-plein de lait on fabriquait des tommes. Chaque moutonnier avait deux chèvres et son chien. Il faisait sa polenta à midi et il la gardait dans sa marmite en fonte, suspendue à une poutre.

Les montées étaient difficiles avec les génisses que les gens nous louaient. Elles avaient toujours vécu à l'écurie, alors que les nôtres étaient déjà entraînées, les moutons ça va tout seul !

Quentin au chalet du Bévi avec François Parolari le berger et Mme Jeanneraud (1931).

Le Bévi était divisé en cinq parties : le Poincet, le Bénitier, la Pétolière, Bévi-dessus, Bévi-dessous. Les vaches restaient au Bévi-dessous, près du chalet pour l'eau. Les moutons étaient en Bévi-dessus. Moi je restais pour aider à porter les marchandises, depuis le chemin où le camion les posait jusqu'au chalet.

L'année de mes quatorze ans, on avait loué Prafion, à côté du Bévi, et j'étais resté à l'alpage. Je descendais au ravitaillement dans la semaine et j'allais chercher le courrier qui arrivait d'Italie, chez Bridon au Café des Chasseurs de Naz-dessus. Le dimanche, mes frères montaient le tabac pour les bergers. Moi, je vivais avec Giovanni le berger de Prafion. On avait acheté trois cochons à engraisser. Ils étaient dans le boiton au bout du chalet. Un soir d'orage, ça craquait et ça tonnait de tous les côtés, on entendait des poignées de gravier qui arrivaient sur les tôles. On dormait à côté de la cheminée ; tout d'un coup, une grosse craquée ! Je dis à Giovanni : « Tu entends celui-là, il n'est pas tombé loin ! » Le matin, quand on est allé ouvrir le *boiton* des cochons, il y en avait deux qui ne bougeaient plus, ils avaient été foudroyés sur le coup ! La foudre était tombée à un mètre du *boiton* ! Ils étaient tout noirs, on les a enterrés. Ce coup d'orage m'avait impressionné !

J'aimais bien la vie au chalet, mais pas les jours de brouillard, c'était triste ! J'aimais aller boire mon bol de lait que je puisais dans le bidon du berger pendant la traite, juste sorti du pis de la vache et tout écumant ! Mais il n'y avait pas beaucoup de distractions pour un gamin et les bergers parlaient en patois bergamasque ! J'ai appris à parler avec eux, déjà à sept ans, quand ils arrivaient directement d'Italie et qu'ils ne connaissaient pas un mot de français. Celui qui était au Bévi s'appelait François. Il était venu à dix-sept ans avec son père Baptiste Parolari, chez mon grand-père pendant quarante et un ans. Il disait : « D'accord patron, je resterai deux mois en Italie, mais si vous avez besoin de moi avant, écrivez-moi » (1).

L'automne quand on redescendait on allait dans des propriétés à Puplinge, il y avait d'immenses chênes dans les propriétés, le moutonnier était logé là. On partait vers minuit, on traversait le pont du Mont-Blanc, avec le char et la roulotte dessus pour le moutonnier et les barrières pour parquer les moutons. Tous les jours le moutonnier déplaçait le parc. Les propriétaires étaient contents parce que où passent les moutons il n'y a pas besoin de fumier. Ça durait jusqu'à la neige.

Au retour des moutons, il fallait tuer ! Tous les lundis, la société Zuccone et Pastore devait fournir une soixantaine de moutons aux abattoirs de Genève. Il fallait descendre les moutons à pied. On partait à cinq heures du matin, on descendait Châtelaine vers le stade, puis le pont Sous-Terre et on arrivait près des abattoirs. Les moutons entraient dans une loge réservée « Zuccone et Pastore », il y avait un tueur qui s'appelait Souchy. On allait à tour de rôle pour apprendre. Ma mère me disait : « S'il y a un accident à la montagne, il faut que tu saches tirer profit de la viande pour qu'elle ne soit pas perdue ! »

---

(1) Les moutons étaient tous vendus à Noël et janvier-février le berger restait en Italie en attendant le retour de nouveaux moutons qui étaient achetés dans les Grisons et arrivaient par wagon en gare de Genève.

La première fois que j'ai tué, j'avais seize ans, c'était dur ! J'aurais eu un pétard comme aujourd'hui… Mais carrément au couteau bien pointu, ça fait froid ! Et puis quand on est tous devenus grands Mategnin était devenu trop petit pour nous. On a partagé en 1949. Mes deux frères ont eu Mategnin, mes deux sœurs la montagne et moi j'ai dit : « Je vais retourner à Collonges. » J'avais une maison, j'ai acheté quatre vaches, ma mère est venue avec moi et en 1957 je me suis marié.

*

J'ai développé l'élevage, agrandi ma ferme ; mon fils continue l'œuvre commencée. Moi j'ai gardé mon âme de paysan, je vais toujours dans les champs et derrière les vaches. Cet automne j'ai encore semé. J'aime voir pousser le blé ! C'est ça la vie : semer la graine pour continuer et renouveler la création. J'aime aussi prendre un veau qui sort de sa mère, c'est donner la vie.

Faire naître un veau, récolter le blé, c'est beau, c'est participer à la création. J'aime être un créateur !

Le premier tracteur

Fernand Goudard, né en 1934, plus familièrement appelé « Nannan » par les footballeurs gessiens auxquels il voue le meilleur de son temps, raconte sa vie active au sein de la communauté du village depuis sa tendre enfance et son désir d'aller de l'avant, au temps des premiers tracteurs.

Moi, j'ai vécu toute mon enfance à Cessy. Je suis l'aîné de cinq. Ma mère est décédée à l'âge de vingt-huit ans. J'avais six ans et mon dernier frère un mois. Ma grand-mère est venue à la maison et on a pris une bonne, puis mon père s'est remarié. Sa deuxième femme a été ma mère.

Mon père était fermier chez Trembellan et avait une vingtaine de vaches. Quand j'ai quitté l'école à quatorze ans, l'instituteur Monsieur Pécoud insistait auprès de mon père pour me faire poursuivre mes études. Mais on avait besoin de moi à la ferme, alors je suis resté pour travailler. L'hiver j'allais aux cours agricoles de Monsieur Basquin. Pendant l'école primaire, je ne reprenais la classe qu'à la Toussaint, il fallait aller en champ aux vaches.

J'étais encore tout gamin, j'allais seconder le berger à la montagne. J'ai fait Malatrait, près du Crêt de Chalam et La Simard. C'est moi qui donnais à boire aux veaux et puis le berger m'a appris à traire. Il était tellement précautionneux, maniaque avec les vaches ce berger… Il repassait toujours derrière moi ! Il pensait : « Le gamin n'a pas dû la traire comme il faut, elle risque de faire une mammite ! » Un berger comme ça, je n'en ai jamais vu d'autres : les vaches étaient toujours impeccables, propres étrillées, les queues lavées. Jamais un coup de bâton, toujours une caresse… Oh, comme il pratiquait, ça ne se faisait plus depuis longtemps ! Le Jean-Louis c'était une perle ! Quand on avait un berger comme ça dans une ferme, on n'avait pas de souci à se faire ! Les bêtes étaient toutes appelées par leur nom : Marquise, Colombe, Pâquerette… Il y avait la Lorraine baptisée par Jean-Louis en souvenir de la guerre de quatorze ! C'était la meilleure celle-ci : trente litres de lait par jour, un record pour l'époque !

Et puis alors pour les descentes, les vaches étaient soignées, les sonnettes astiquées, les courroies graissées. Quand on revenait de Malatrait - il y avait près de cinquante bornes - et bien les vaches quand on arrivait à La Faucille, elles sentaient l'écurie, les bons pâturages, parce qu'en haut c'était tout râpé, alors elles descendaient fort et les sonnettes ça y allait ! Il y avait une belle harmonie de sons avec les campanes, les toupins, les chamonix. Et puis toujours la plus belle devant avec le bouquet et à l'arrière le char à banc tiré par le cheval, avec les boilles et les affaires du berger. On était fier quand on traversait Gex et le soir on faisait la fête avec ceux qui nous avaient aidés. En 1952, j'ai remplacé le berger à la montagne de la Joux-Verte. Je me souviens qu'en me levant pour traire à quatre heures et demie, le matin du 6 juin, il y avait dix centimètres de neige ! Les vaches attendaient devant l'écurie, le dos courbé !

Jean-Louis avait fait la guerre de quatorze et il ne fallait pas lui parler d'Allemands ! Pendant l'occupation, ils avaient aménagé le champ à Giriens en face de chez nous en terrain de football et à la fin de leur match ils venaient dans notre cour pour se nettoyer à la fontaine. Alors Jean-Louis un jour est allé détacher le taureau. Quand il sortait de l'écurie il avait l'habitude de foncer à la fontaine pour boire. Ce qu'il a fait ! Les Allemands ont détalé et notre berger se marrait derrière la fenêtre de l'écurie ! Il savait que le taureau n'était pas méchant.

Quand j'étais gamin, on avait tous les animaux à la ferme : poules, canards, lapins, dindes, cochons et puis la poulinière qui faisait souvent son petit dans le pré. On regardait le poulain qui essayait de se mettre debout et sa mère qui le léchait. On avait aussi des chats pour les souris. J'avais un chien, Médor, qu'on m'avait donné pour garder les vaches. Le jour où il s'est fait écraser par une voiture, j'ai eu un de ces chagrins ! Pour moi, c'était la fin du monde !!! Je devais avoir dix ou onze ans... Ce chien je l'aimais ! Je l'ai enterré et j'ai mis une croix.

A la ferme j'ai encore travaillé avec des bœufs. Mon père avait cinq chevaux qui avaient tous choppé la maladie... Ils y sont tous passés avec interdiction d'en reprendre pendant un certain temps. C'est alors qu'on avait acheté des bœufs. Je me souviens quand on allait labourer la pièce des Longeraies à Segny, il fallait une demi-heure pour descendre et autant pour remonter. Le champ était tellement long que je ne faisais que trois aller et retour de la matinée !

Alors, plus tard quand les premiers tracteurs sont arrivés, quel changement ! Notre premier tracteur, mon père l'avait commandé chez Monsieur Gaillard à Chevry. Ce devait être en 1952, j'avais dix-huit ans. Ce tracteur, je l'attendais avec impatience ! J'allais en vélo chez Gaillard, je demandais : « Il n'est pas encore là ? » Alors, une fois on y va avec mon père. Monsieur Gaillard nous dit : « Il est prêt, il est à Villeurbanne, mais j'attends d'en avoir deux en commande pour les mettre sur un wagon, sinon ça me coûte trop cher. » J'ai demandé :

- Il peut revenir par la route ?

- Bien sûr…

- Et bien, je vais le chercher.

Oh, j'étais tellement heureux ! J'aurais bien été le chercher à Brest ou à Marseille, quand il m'a dit qu'il pouvait revenir par la route. Alors, j'ai sauté dans la Micheline, à Bellegarde j'ai pris le train pour Lyon et je suis allé à l'entrepôt Ferguson de Villeurbanne. J'avais tous les papiers pour le sortir. Ils m'ont mis une goutte d'essence et à la première pompe que j'ai trouvée j'ai fait le plein et je suis revenu. Je ne sais pas à quelle heure je suis parti de Villeurbanne, j'ai roulé toute la nuit et je suis arrivé à cinq heures du matin à Cessy. J'avais peut-être bien croisé quinze voitures sur tout le parcours ! C'était la saison des foins, alors plutôt que d'aller dormir, je suis parti faucher. Et j'ai fauché tout le matin ! Je l'avais tellement attendu ce tracteur ! Toutes les autres fermes en avaient déjà un !

On était très occupé à la ferme, mais on participait quand même activement à la vie du village et à celle de la paroisse. C'était le temps de l'abbé Godard qui était un curé très dynamique. Quand on était enfant de chœur, on aimait bien aller faire les baptêmes et les mariages, parce qu'il nous glissait la pièce. Alors, on filait à l'épicerie Vittoz s'acheter des bonbons ou chez Baudry à Gex pour se procurer des capsules pour nos pistolets à bouchon.

Le dimanche, ma mère me donnait dix francs pour aller au cinéma à Gex. Il y avait le Rex et le Lux. On y montait à vélo, j'en avais reçu un pour mon Certificat d'Etudes, un « Génial Lucifer », les vélos on les garait dans la grange à Jean Ducimetière pour ne pas se les faire piquer. Le dimanche sa grange était toujours pleine de vélos.

Le curé nous disait qu'il ne fallait pas travailler le dimanche, qu'on devait aller à la messe et aux vêpres. Pour la Fête-Dieu, on allait garçons et filles lancer des fleurs en procession de l'église à la statue qui était dans le virage. On entourait la madone et on lui lançait des pétales de fleurs. Il n'y avait plus de roses ni de pivoines dans les jardins du village !

L'abbé Godard avait monté une troupe de théâtre et on jouait des pièces toutes les années. Le bénéfice était pour la construction de la chapelle de Segny. Tous les jeunes étaient regroupés avec ceux des paroisses d'Echenevex et de Grilly. On donnait nos spectacles au Foyer Rural de Cessy, c'était l'abbé qui faisait tout ça. Il avait aussi monté une équipe de foot pour les gamins, on jouait contre ceux de Chevry, de Grilly. Il était très actif notre curé, il a été le premier à avoir un poste de télévision. Alors, sitôt qu'on avait un moment de libre on courait la regarder à la cure. On avait beaucoup d'occasions de se retrouver au village : les réunions, les répétitions, la coulée du lait le soir à la *fruitière*. Plus âgé, la grande question à la fruitière c'était : « Où c'est qu'il y a bal samedi ? » On allait à Chevry, à St Genis en vélo bien sûr. Pour la St Denis, la vogue de Cessy, on descendait chercher le plancher du bal chez Masson à Segny. C'était l'orchestre Joysa, Gavillet, Génolin, Mermet, Berthier qui jouait, après on a eu Vasette et son accordéon.

L'hiver, on montait faire du ski sur la montagne. Avec des skis faits par le père Blanchard accrochés au cadre du vélo jusqu'au Pailly, et après tout à pied !

A quinze ans j'ai commencé à faire du foot et j'ai débuté en junior à Ferney. Je descendais à vélo avec Claude Guillot, le match terminé il fallait vite remonter pour traire.

Ah, je ne regrette pas ma jeunesse, on s'est bien amusé !

*

J'aurais aimé faire des études. J'avais une grand-mère qui voulait que je sois vétérinaire. Ça m'aurait plu !

A mon retour de l'armée - j'ai fait vingt-neuf mois de service militaire – le propriétaire voulait reprendre la ferme et mes parents n'en ayant pas trouvé d'autre à louer ont cessé toute activité agricole. Moi, j'avais vingt-quatre ans et grâce à l'aide d'un oncle, j'ai pu rentrer à l'O.N.U. où j'ai pu suivre des cours pour essayer de m'élever un peu. J'ai terminé ma carrière en 1990. Depuis je m'occupe du club de foot et je fais le correspondant de presse pour le sport. Je ne pensais pas recevoir un jour la médaille de la Jeunesse et des Sports et encore moins la médaille d'argent de la ligue Rhône-Alpes.

Cinquante ans plus tard, Fernand retrouve son Ferguson, appelé à l'époque « P'tit Gris » (Gex, 2006)

Sur le rocher

Comme il est beau ce Val Chezerand, avec ses pentes abruptes couvertes de fayards et ses cascades aux eaux limpides qui tombent au fond de la vallée. Et ses hameaux perchés qu'on ne pouvait atteindre jadis que par d'étroits sentiers caillouteux.

Oui, un bien beau pays ! Mais quelle vie rude ont eu ses habitants ! Est-ce pour cela qu'ils restent si attachés à leur village ? Pour la fête de la « revôle », au mois d'août, ils arrivent de partout, ceux qui l'ont quitté jadis, pour faire leur défilé traditionnel, et cuire les côtelettes, et danser jeunes et vieux au son de l'accordéon.

Georges Grosgurin est de ceux-là. Pourtant son enfance passée au lieu dit « Sur le rocher » ne fut pas de tout repos.

Moi, je suis né à Ballaigues en 1922. Ballaigues, c'était deux maisons au bord d'un joli ruisseau, d'où le nom Ballaigues qui veut dire belle eau.

On était locataire de la maison qui avait des dépendances : une écurie où on mettait les lapins, une cave pour le bois et une grange partagée en trois. On y rentrait un peu de foin, de l'autre côté, c'était ma tante dont le mari était ébéniste. Eux avaient deux vaches à l'écurie. J'avais trois frères et deux sœurs.

Mes parents travaillaient du lapidaire, mais quand il y a eu la crise économique, le Front Populaire en 1936, le lapidaire ne nourrissait plus son homme et il y avait la famille à élever, alors, la seule solution pour survivre était de travailler la terre. Quand la ferme sur le rocher, entre Chézery et Forens s'est libérée, on est monté là-haut. On y allait par un sentier pédestre, on disait un « sentier à talons » parce qu'il était étroit. Si on y montait une paire de bœufs il fallait les *déjoucler* parce qu'ils ne passaient pas de front. J'avais douze ans quand on est allé habiter là-haut. Alors, j'ai appris à traire, à faucher et à faire tous les travaux de la ferme.

La propriété était tout en pente, c'était terrible ! Le seul endroit plat, c'était devant la cuisinière ! On ne pouvait nourrir que cinq vaches. On commençait à faner le 15 juin en bas et on terminait fin septembre en haut, juste avant de commencer les regains en bas. Ces fermes d'en haut n'ont pas de grange et on devait faire des meules. On allait chercher le foin avec le grand traîneau et on faisait de gros fagots. Un coup, on monte le matin, mon père, mon frère Robert et moi, on défait la meule, on commence à faire un fagot, on le place sur le traîneau, on commence le deuxième fagot... On ne s'était pas méfié, le traîneau au lieu de le mettre en travers on l'avait laissé dans le sens de la pente... Il faisait beau, le soleil aidant, tout d'un coup le traîneau part, dévale la pente et va s'écraser cent cinquante mètres plus bas à la lisière du bois. On a juste pu récupérer la corde du fagot !!!

L'hiver, on n'avait pas tellement de repos parce qu'on transportait le fumier avec les traîneaux. On le balançait en bas du chemin, au-dessus du champ à labourer, et quand il n'y avait plus de neige, au printemps, on le reprenait avec un traîneau et on *l'ébruchait*.

Une fois, ça avait fait la risée de ceux du Grand-Essert qui étaient en face de l'autre côté de la vallée. Gaston Durrafour était monté labourer avec ses bœufs, c'était un peu mouillé ce

Déneigement à Chézery pendant la dernière guerre.

jour-là et le bœuf qui était sur le pré avait glissé et on n'a jamais pu le faire remonter sur la raie. Alors on ne labourait que d'un côté ! On faisait le tour par en haut avec la charrue et on recommençait. Ceux du Grand-Essert regardaient notre manège et disaient : « Mais qu'est-ce qu'il trafique Clovis sur le rocher ? Il ne laboure que d'un côté ? »

On remontait la terre avec une *catelle* : c'était une grosse poulie qu'on plantait au sommet du champ, avec une grande corde, on piochait la raie en bas pour labourer le champ, on remplissait la brouette et on la faisait remonter à la *catelle*. La première année on était deux sur un palonnier pour tirer, après on faisait tirer une vache.

On fauchait tout à la faux, mon père avait raccourci un manche de faux parce que je n'avais pas de grands bras. Il m'avait appris à l'aiguiser et à *l'enchapler*. J'ai commencé à faire tout ça dès treize ans. Mais j'avais déjà l'habitude de travailler parce que, à Ballaigues, j'allais faire les *traînes* avec mon père. On allait à la Lantiller et on les descendait par le couloir jusqu'à la Charbonnière. Il y avait des grosses branches, des *sèches* de sapin et du petit bois qui servait à allumer le feu. Les *traînes*, on les tirait à l'épaule, le bois, le père le descendait à *l'arpi* et on allait chercher les branches avec ma mère.

Sur le rocher, il fallait aller en champ. Comme c'était bien en pente, on avait trouvé une astuce pour faire remonter les bêtes quand elles dépassaient les limites. On s'était fait une provision de petits cailloux. Alors, on lançait des cailloux, un coup, le caillou est arrivé sur la sonnette, elle a été fendue ! Après on l'a fait *rebraser*. Une sonnette avait sa valeur et son utilité !

Pour aller en champ, j'avais la grande pèlerine bleue, et en gardant les vaches je devais aussi garder la chèvre qu'on tenait pour le lait du ménage. Un jour qu'il faisait beau, les vaches étaient tranquilles. Je me suis étendu sur la pèlerine et j'avais dans la poche de ma veste un peu de tabac que j'avais piqué dans le pot à tabac de mon père qu'il avait posé sur l'établi de lapidaire. Je n'avais pas encore fumé et je me suis endormi. Quand je me suis réveillé, la chèvre avait rongé la poche de ma veste pour manger le tabac !!!

A l'automne, quand les regains étaient faits, mon père plaçait des piquets pour ne pas que les vaches dépassent. En gardant les vaches, il fallait couper les écorces pour faire l'armature des paniers. J'allais en champ avec la Solange qui tricotait des chaussettes, je la regardais faire… Un jour je lui dis : « Tu piqueras cinq aiguilles à ta maman et tu m'apprendras à tricoter ! » Et j'ai appris à tricoter : une maille à l'endroit, une maille à l'envers, les côtes jusqu'au talon.. Il y a juste le talon qui était un peu dur à faire !

Les distractions étaient rares. Si on trouvait un bout de planche avec des morceaux de bois en travers, on allait récupérer des roulettes, un bout de ficelle et on traînait notre chariot des années. C'était le plus beau des jouets !

Le 14 juillet, c'était la fête de la St Roland. Depuis sur le rocher, on entendait les manèges, les carrousels à Chézery et nous on était à faucher et à rentrer le foin. Le travail d'abord, les distractions ensuite. On se levait à quatre heures du matin pour faucher, le soir on refauchait à la tombée de la nuit. En pleine adolescence, on était fatigué, mais quand on descendait le lait le

Les enfants de Chézery jouent à la noce. André Regad est à l'accordéon. Luce Blanc est la mariée, Suzanne Moine la dernière « demoiselle d'honneur ».

dimanche soir, on rinçait la boille à la *fruitière*, on la mettait dans un coin et on allait danser avec le piano mécanique au Café Carry, alias chez Deminjon.

J'avais quinze ans quand j'ai eu mon premier costume. Je faisais partie de la Musique, on allait aux répétitions, on sortait quand même mieux. On était trois à la Musique quand on habitait sur le rocher, on ouvrait la fenêtre de la cuisine et on jouait tous les trois. Robert était au piston, André au baryton et moi à l'alto. Les gens d'en bas disaient : « Voilà les Grosgurin qui font leur concert ! »

Sur le rocher on n'avait pas l'électricité, le courant était amené depuis l'usine Grosfilley sur la Valserine, qui n'était que pour Chézery. C'était du courant alternatif et il y avait peu de tension, quand on avait deux ou trois lampes d'éclairées il baissait. Les ampoules étaient assez longues et les filaments en dents de scie. Les fils étaient torsadés, d'autres gainés et suivaient

La musique de Chézery en 1930.
Georges Grosgurin est au 1er rang le troisième en partant de gauche.

les poutres. Les interrupteurs étaient ronds, les vieux ne tournaient guère le bouton pour ne pas brûler trop de lumière. Je me souviens de Grosfilley – c'était le patron – qui passait dans les maisons pour faire la facturation qui se faisait à la lampe. Chez nous on avait quatre lampes.

On allait à l'école avec Monsieur Carrel. On était peut-être terribles mais studieux. Avec René et Paul on se disputait la première place ! On avait pris le tram pour aller au Certificat à Bellegarde. Mon père m'avait acheté un Opinel parce qu'il aurait été utile s'il y avait eu une leçon de choses. Il m'avait dit avant de partir : « Si tu as ton Certificat tu le garderas. » Alors, quand je suis remonté avec mon papier, j'ai gardé le couteau !

Après mon Certificat, Gustave Juliard était venu demander à mon père : « Ton gamin, il ne pourrait pas venir garder les vaches cet automne ? » J'étais allé en champ pendant deux mois, je crois qu'il avait donné cent francs à mon père, ce qui a aidé à acheter mon premier costume. Mais il avait encore fallu le faire retoucher parce que je n'étais pas grand.

On était quatorze à passer notre Certificat d'Etudes. Treize ont été reçus, le quatorzième était placé dans une ferme, il est rentré dans les douanes. Sur les treize reçus, un est allé à l'Ecole de La Martinière à Lyon, et les autres derrière la queue des vaches.

La cavalcade de Chézery en 1945. Mais où se trouve donc Georges ?

✶

Je suis parti aux chantiers de jeunesse en 1942, et quand j'ai déserté en 1943 pour ne pas partir au S.T.O. en Allemagne, je me cachais sur le rocher, c'était un lieu protégé. En juin 1944, je me suis engagé dans le Maquis. J'étais au camp J.O. et j'ai participé fin août à la libération du Pays de Gex et à celle du Haut-Jura.

En 1946, je me suis retrouvé à tourner la roue du lapidaire… Je me suis dit : « Il faut te faire une situation ! » Alors je suis rentré dans les P.T.T.

L'école de la nature

Albert Burdet, qu'on connaît mieux sous le nom de Bébert, le maître des abeilles qui passionne petits et grands lorsqu'il raconte la vie de ses ruches dans les expositions, a tout appris à l'école de la nature.

L'enfant des champs et des bois vivait dans la vallée de la Valserine, et c'est là qu'à force d'observations, d'analyses et curieux de tout il apprit à connaître les animaux, la forêt. Très jeune il comprit ce qu'était le travail et la lutte pour vivre avec une mère courageuse et déterminée.

Il pourrait dire comme Emilie Carles : « La vie, c'est une soupe aux herbes sauvages… »

Moi je suis né en 1932, à la Tremblaire entre Mijoux et Lélex, derrière le fourneau ! Ma mère venait de rentrer un char de foin. On était cinq gamins et je suis le troisième. On aurait pu vivre bien à l'aise si mon père n'avait pas fait de mauvaises affaires et abandonné sa famille ! On s'en est sorti grâce au courage de notre mère qui a travaillé durement pour élever ses cinq enfants. Et sans jamais faire de dettes !

Après la séparation de mes parents, on est allé habiter à Mijoux et ma mère travaillait du lapidaire à la maison. Alors, dès que j'en ai eu l'âge j'ai fait comme mes frères aînés, je suis allé garder les vaches, de Pâques à la Toussaint. J'avais neuf ans quand j'ai commencé dans une ferme à Septmoncel où mon frère Gaby était allé lui aussi, j'ai assuré la relève. C'était pendant la guerre quand le Jura était encore en zone libre. Je gardais les vaches dans deux fermes. Dans une j'étais comme l'enfant de la famille et dans l'autre c'était affreux !

Dans cette deuxième ferme, on avait chacun son petit morceau de pain avec une étiquette, posé sur un dressoir. J'en avais un tout petit bout, les hommes en avaient plus c'était normal, mais moi en deux bouchées je n'avais plus rien, alors on mangeait des pommes de terre. Le plus dur, c'est quand je n'avais que trois prunes et qu'il y en avait toujours une de gâtée et qu'on me disait : « C'est bien bon pour toi ! ». C'est ce mot qui est trop dur ! Le soir on mangeait de la soupe, ça c'est sûr, avec du fromage. Le matin on partait en champ pas très loin et puis après on mangeait. Les patrons faisaient la sieste et moi j'allais sortir le fumier. Quand je chargeais la brouette, je ne la remplissais pas pour qu'elle ne soit pas trop lourde, alors la patronne venait en remettre avec le trident. Quand on est traité comme ça, on devient méchant ! Alors, une fois en arrivant sur le tas de fumier, j'ai balancé la brouette en bas et le manche s'est cassé ! J'ai eu droit à une réprimande.

Le soir pendant la traite, je raclais le fumier dans la raie, ça c'était normal, et après j'allais en champ jusqu'à la nuit, jusqu'à trois ou quatre kilomètres. Je rentrais à dix heures du soir, j'attachais les vaches, j'avais peur des cornes, d'en prendre une dans l'œil… petit gamin comme ça ! Quand le patron était là, il était gentil, il m'aidait. Après j'allais manger ma soupe. Eux l'avaient mangée depuis longtemps et mon assiette était restée sur la table, la soupe était « croûtée », toute froide. Quand le patron était là il me disait :

- Je vais te mettre un peu de lait.

- Non, elle est trop froide…

- Alors je vais t'en remettre un bol.

Je mangeais quand même ma soupe froide, mais j'étais content parce que cet homme était un vrai père de famille.

Un jour j'avais remarqué qu'une poule pondait dans le foin sous le toit et que la patronne n'osait pas aller la chercher. Alors, moi comme j'avais faim, je suis allé chercher l'œuf et je l'ai gobé avec un petit bout de pain que j'avais caché dans ma poche. La patronne s'en était aperçue et se demandait bien pourquoi ? Elle a compris quand elle a découvert que j'étais allé prendre l'œuf sous le toit. Elle m'a emmené à la gendarmerie, en disant : « C'est un voleur, il faut le mettre en prison ! » Moi je pensais : « Je serais peut-être mieux en prison qu'avec cette femme ! » Les gendarmes ont répondu : « Ce n'est pas le gamin qu'on va mettre en prison, c'est vous Madame ! » J'avais expliqué aux gendarmes que j'étais allé gober un œuf qui aurait été foutu, parce que personne n'aurait osé aller le chercher sous le toit, et parce que j'avais faim ! Les gendarmes m'avaient dit : « On ne veut rien te faire mon petit, tu es déjà loin de ta mère, sois tranquille, tu n'iras pas en prison. » Quand même, quand on est loin des parents, c'est dur ! Un jour je me suis sauvé, je suis rentré à Mijoux depuis Septmoncel à pied, à travers la forêt ! Ma mère m'a ramené aussi sec le lendemain…

Je me rappelle, le patron qui était un brave homme m'apportait un morceau de pain et de chocolat dans mon lit, mais si sa femme trouvait des miettes, je recevais une « volée » le lendemain : « Qui t'a apporté ce pain ? » Pour ne pas provoquer de scènes de ménage, je ne disais rien…

Je me revois toujours assis dans l'escalier en train d'éplucher les pommes de terre. On me donnait toutes celles qui avaient reçu un coup de *bigos* et qui étaient un peu abîmées, elle disait : « Il faut faire travailler le gamin ! » Après elle me donnait des haricots à écosser. Elle ne voulait pas que j'aille m'amuser. Ce que j'ai trouvé dur de ne pas aller m'amuser avec les autres gamins ! Mais finalement, ça forme le caractère !

Alors, j'allais un mois dans une famille et un mois dans l'autre. Aussi dans l'autre maison j'étais mieux que chez moi ! Enfin on ne peut pas être mieux qu'avec sa mère, mais j'étais respecté et nourri convenablement. La fille de la maison qui avait marié un fromager venait m'embrasser. On n'était pas souvent embrassé et ça nous a manqué !

Quand on reprenait l'école à la Toussaint on avait du retard et la maîtresse nous mettait au fond de la classe, les autres enfants devant et nous on ne pouvait pas suivre. Comment voulez-vous qu'on puisse rattraper le retard ? Et puis on ne pouvait pas aimer l'école ! C'était pendant la guerre, la maîtresse faisait de la dépression et il y avait sans arrêt des remplacements.

On a eu une fois Monsieur Gourgier, c'était un maître qu'on respectait, il était tellement sévère ! J'ai eu après une institutrice très gentille, Mademoiselle Goury, en une année j'en ai plus appris que les cinq années précédentes ! Elle m'avait dit : « Tu passeras ton Certificat. » J'avais répondu : « Je n'en suis pas capable, je veux aller travailler. » Elle m'aurait gardé une année de plus mais ma mère disait : « Une année de plus… quand on n'a pas d'argent ! » Alors j'ai quitté l'école et j'ai appris le lapidaire.

J'avais déjà appris à travailler quand ma mère « hachait les roues », je tournais la manivelle. Je revois toujours ces établis devant la fenêtre, bien au soleil, et ces tas de pierres qu'elle faisait. Ma mère travaillait à la maison, jour et nuit pour élever ses enfants. Et le soir elle allait encore dans les hôtels, pour faire la vaisselle et laver le linge. Elle faisait plus de quinze heures par jour ! Et puis encore à la merci des marchands de lapidaire qui marchandaient les prix !

Ma mère, après la séparation, a eu un conseiller extraordinaire, le curé de Mijoux. Comme elle avait reçu une solide éducation religieuse et morale, elle nous l'a transmise, et c'est notre richesse à nous. Elle se confiait à la Sainte Vierge, c'était son point de repère, et on devait la prier tous les jours. Quand on est gamin, ça nous casse un peu les pieds ! Moi, je ne croyais pas trop au Bon Dieu, je me posais beaucoup de questions, je pensais : il n'est pas trop gentil avec les gamins ! Alors on disait, la Sainte Vierge, il faut penser à elle. Au printemps on allait chercher les premières fleurs, les perce-neige, c'était pour la Sainte Vierge et pour la maman. Après on allait cueillir les narcisses. Mais moi je préférais le « bois joli ». Il est rose, il sent bon, je disais à ma mère : « Il faudrait bien en porter à l'église, parce que ces odeurs d'encens, ça sent les enterrements ! » Alors, on en portait un bouquet à l'autel de la Sainte Vierge et à la statue de St Christophe.

Il ne fallait pas manquer le catéchisme, ça avait mauvaise façon ! Moi, quand c'était le moment de la pêche ou des morilles, comme j'étais un « homme » des bois, je séchais parfois le caté, alors j'avais des remontrances mais la dame qui faisait le caté était tellement gentille, elle comprenait la situation, elle me disait : « Je te pardonne. » Alors je me sentais le cœur léger et je pensais : elle me pardonnera bien une autre fois ! On était pourtant bien au caté.

Après j'étais enfant de chœur et quand il y avait un enterrement, c'était moi que le curé choisissait, parce que l'enfant de chœur avait quinze francs et ces quinze francs je les mettais dans une tirelire que je m'étais fabriquée avec des morceaux de bois récupérés chez le menuisier. J'allais aussi pêcher des grenouilles que je vendais aux hôtels, ça me permettait d'avoir une cagnotte et plus tard j'ai pu m'acheter des souliers de ski ;

parce que les souliers de ski étaient trop chers pour que je puisse m'en acheter. Et moi j'étais fou de ski ! On me prêtait des mauvais skis, mais j'allais quand même bien avec ! J'allais racler les bougeoirs à l'église pour récupérer la bougie et farter mes skis avec. Quelquefois je laissais tomber un cierge exprès, c'était pour avoir de la bougie pour nos skis ! Oh, le Bon Dieu, il y a longtemps qu'il m'a pardonné !

Le jeudi on était libre, alors on était toujours dehors, on étudiait la nature en observant les oiseaux, les fleurs, les arbres… On avait notre couteau dans la poche. Un couteau dans la poche d'un garçon c'était une fortune ! Dans la campagne il servait à couper un bout de bois pour fabriquer un sifflet, aller couper des pissenlits, une morille. Il servait aussi à aller couper un noisetier pour faire un bâton de ski ou une canne. On n'a jamais vu un bâton dans la main d'un gamin sans qu'il y ait dessiné une tête de vipère ou une tête de vache ! C'était pas rien d'avoir un couteau !

Quand on allait aux grenouilles au printemps, elles sortent même sur la neige, on avait déjà le respect de la reproduction. On en ramassait beaucoup, on les plaçait dans une lessiveuse avec un peu d'eau tiède, le mâle fécondait la femelle déjà accouplée et dès que les œufs étaient fécondés, on allait les reporter dans les mares. A la fonte des neiges l'eau monte et les œufs avec, et quand elle redescend ils restent accrochés. Alors, Avec un râteau on allait faire du nettoyage pour que l'eau circule. On a sauvé comme ça des milliers de grenouilles. J'étais curieux, j'analysais comment elles pouvaient vivre. Est-ce que c'était dans l'eau ou sur la terre ? Un jour j'ai dit : « Je veux savoir si elles ont des poumons ? » Alors, j'en ai décortiqué une avec mon couteau. Quelque temps d'après la maîtresse faisait une leçon sur les grenouilles. Moi je dis : « Il y a longtemps qu'on y sait que les grenouilles ont des poumons, moi j'ai tout vu avec mou couteau ! »

Il me servait aussi à piéger les taupes mon couteau. Je partais avec la musette et deux ou trois tuiles dedans, avec le couteau je préparais les trous, je plaçais les fers, la tuile servait à retenir la terre pour ne pas qu'il y ait d'effondrement. Après j'écorchais la taupe et je la fixais sur une planche avec un peu de sel et quand le *patier* passait je lui vendais. J'allais aussi écorcher les lapins chez les personnes qui n'aimaient pas le faire. Je vendais aussi les peaux et ça me faisait un peu d'argent. J'ai tué ma première chèvre à quatorze ans. Il m'avait fallu un sacré courage car elle était vieille. On l'avait mise au sel pour la manger. On avait quatre chèvres chez nous, j'allais faner chez un copain, il me donnait un peu de foin pour les nourrir.

J'ai appris beaucoup de choses en observant la vie dans la nature. La vie des gamins était guidée par les saisons, on savait « lire » la nature, apprécier une belle fleur givrée au bord du ruisseau, repérer les traces de gibier : les renards, les martres, les lièvres qui restaient dans leur coin. Tous les gamins aimaient voir les traces de gibier pour savoir dans quel sens ils allaient, et ils ne se trompaient jamais !

J'étais curieux de tout. Je voyais le cordonnier avec son grand tablier bleu qui roulait son ligneul, il mettait de la soie de sanglier au bout pour que ça rentre mieux dans les trous du cuir. Ça m'a servi plus tard quand on récupérait des vieilles paires de souliers chez les gens et qu'on les montait sur les semelles de *fayard* que nous donnait le menuisier. Ça nous faisait des sabots neufs !

Un jour j'ai voulu savoir comment on fabriquait le fromage. Je me suis faufilé à la *fruitière*. Denis Bavoux qui était fromager est descendu :

- Oh, le gamin, qu'est-ce que tu fous par là ?

- J'aimerais bien voir comment on fait le fromage !

- Je n'ai pas de temps à perdre pour apprendre à un gamin !

Alors, il remonte l'escalier avec ses gros sabots. J'entends encore le bruit de ses pas ! Et d'un seul coup il redescend : « Tu peux rester… mais tu as de la chance parce que je connais ta mère, elle a du mérite de vous élever tous les cinq ! Si tu veux apprendre le fromager, on commence aujourd'hui… »

Je m'en rappellerai toute ma vie ! Je suis resté tout le jour avec lui ! J'ai mangé avec eux à midi.

Ma mère était en souci. Elle m'a disputé quand je suis rentré, surtout à cause des odeurs, parce qu'on était allé donner à manger aux cochons, il y en avait deux cents, et que je sentais mauvais ! J'avais un pull-over en laine rouge, tout neuf, et ma mère disait : « Si c'est pas malheureux, il faut déjà le laver ! » Moi j'étais content parce que j'avais vu comment on faisait le fromage et que j'avais ramené un morceau de sérac !

J'ai aussi un sacré souvenir d'une journée passée avec des bûcherons : j'étais monté les voir dans la forêt. La bise avait renversé tout un coin de bois sous le chalet du Crozat. Il y avait peut-être un hectare de sapins tous entrecroisés. A l'époque, les bûcherons n'avaient pas de tronçonneuse et coupaient tout au passe-partout et à la hache. Ils sortaient le bois au fur et à mesure avec les bœufs de M. Mermet, des grands bœufs rouges, auvergnats.

Alors un matin, je suis parti avant le jour avec une boîte de sardines et une barre de chocolat. Ma mère m'a demandé :

- Où tu vas ?

- Je vais par les bois…

- Tu ne vas pas te perdre au moins !

- Non, en regardant la mousse contre les arbres on ne peut pas se perdre !

Alors je suis monté par les sentiers et je me suis caché derrière un gros sapin. Je regardais les bœufs tirer les bois et je pensais : « Pauvres bêtes ! Les hommes n'ont peut-être pas grand-chose dans leur musette, mais les bœufs n'ont pas beaucoup à manger ! » Ils étaient tellement maigres ! On les entendait souffler et déchirer la terre, les branches se cassaient au fur et à mesure qu'ils avançaient. Oh, c'était beau ! Mais j'avais le cœur qui tapait ! Alors j'étais allé vers un bûcheron, un grand gaillard qui menait les bœufs :

- Qu'est-ce que tu fais là, gamin ?

- Je veux voir les bœufs... Il faut leur donner à manger, ils sont maigres...

- Toi aussi, tu es maigre ! Tu sais pas, tu vas venir nous donner un coup de main pour faire la polenta.

C'était des bûcherons italiens. Ils m'ont fait brasser la polenta au moins pendant deux heures ! J'en avais les bras tout rouges, complètement cuits par la vapeur !

J'ai mangé la polenta avec eux. Ils m'en ont mis un morceau sur une écorce d'arbre avec un bout de fromage. J'étais content !

En redescendant, j'avais vu trois coqs de bruyère qui buvaient dans une *gouille* d'eau.

J'étais arrivé à la maison en disant : « Je suis un homme heureux, j'ai rendu service à des bûcherons, je leur ai fait la polenta ! » Mais la maman ne m'avait pas fait de compliments, parce que je portais un pantalon bleu ciel et je l'avais ramené couvert de glaise !

Noël était un des moments les plus merveilleux de l'année. On allait couper le sapin dans la forêt, on l'installait sur un trépied et on le garnissait avec des choses que l'on faisait nous-mêmes : des *pives* de sapin entourées de papier d'argent, des étoiles en carton. Moi ce que j'aimais surtout faire, c'est la crèche. J'allais trouver les bûcherons pour qu'ils me coupent des morceaux d'épicéa, je faisais la crèche que je garnissais de mousse. Et j'allais chercher de la terre glaise pour faire les personnages. On allait à la messe de minuit pour écouter André Juliard chanter « Minuit Chrétien. » Ma mère, pendant toute la semaine levait la peau du lait pour faire des biscuits extraordinaires !

Par contre moi je ne croyais pas trop au Père Noël. Je disais à ma mère : « Comment veux-tu que les riches aient de gros cadeaux et que chez nous les souliers soient vides ? » Une année, Jacques, un voisin, avait eu un train électrique pour Noël. Sa mère me dit :

- Bébert, viens à la maison, Jacques te fera voir le beau train électrique qu'il a trouvé dans ses souliers.

- C'est vous qui lui avez acheté ?

- Si tu es plus malin que les autres, ne lui dis rien !

Alors, à une heure et demie j'étais déjà dans la cuisine et je vois arriver Jacques avec un gros carton. Oh, je revois encore cette belle image du train sur le carton ! C'est qu'à l'époque ce n'était guère courant ! Alors, bon je vais pour lui aider à mettre le train sur les rails, il me dit : « Ne touche pas ! » Alors je me suis calé dans un coin et j'ai regardé tourner le train… Tout à coup, la maman sort des tasses et sert du chocolat au lait avec des biscuits. J'étais content, en partant j'ai embrassé la maman, chez nous on n'avait pas trop l'habitude de s'embrasser.

Je m'étais ennuyé à regarder tourner ce train, alors je suis allé chez le menuisier :

- Tu me prêtes de la ficelle et des clous ?

- Oui, puis aussi un marteau, tu me le rendras quand tu seras plus grand.

J'arrive chez nous, je vais chercher trois ou quatre morceaux de fayard dans la caisse à bois, je les attache avec la ficelle et je les fais tourner autour de la table en disant : « Tut, tut, tut... » J'avais mon train ! Et je pensais : « Avec mes quatre bouts de bois je m'amuse autant qu'avec un train électrique ! »

Voyez ce que c'est, ce n'est pas l'argent qui fait le bonheur !

Chez nous on chantait toujours avec mes frères et sœurs et le plus beau souvenir que je garde de la famille, c'est pour une Fête des Mères où l'on chantait tous ensemble les « Roses Blanches. » Ma mère pleurait comme un ruisseau !

Finalement, on était des gens heureux. On disait : « On a encore mangé aujourd'hui, on n'a pas fait de dettes, on ne doit de l'argent à personne, on peut croiser les gens dans la rue sans changer de trottoir. »

La vie c'est ça : ne pas devoir de l'argent, être fier de ce que l'on est, mais ça n'arrive pas tout seul ! Il faut travailler et se donner de la peine. Moi, tout en travaillant du lapidaire, je me suis formé pour être moniteur de ski, et puis plus tard, quand je suis rentré au C.E.R.N., je me suis instruit sans rien connaître au départ et j'ai terminé chef de magasin. Et maintenant que je suis à la retraite, je me passionne pour les abeilles.

*

Les jours de cafard, quand le moral flanche, je vais voir mes abeilles. Elles ont toujours la même ardeur au travail, elles s'activent dès l'aurore et jusqu'à l'aube de la nuit. A l'intérieur, elles sont d'excellentes ménagères, à l'extérieur, elles poursuivent leur œuvre dans un va-et-vient permanent.

L'abeille c'est comme une âme qui va de fleur en fleur cueillir le miel, c'est comme une étoile qui va chercher la lumière ! Mes abeilles, c'est comme ma famille, c'est comme mes enfants, c'est sacré.

Seigneur, préservez ceux que j'aime de ne jamais voir la ruche sans abeilles, l'été sans fleurs, la maison sans enfants, car les abeilles nous disent : « C'est dans le travail qu'on retrouve le goût de vivre, c'est dans la forêt qu'on se ressource, c'est sur la montagne qu'on trouve la paix. »

Seigneur, merci de m'avoir donné la passion de l'apiculture, une source de beauté et de paix.

Albert Burdet à son rucher (2006).

On vivait au rythme des saisons

Toutes les activités étaient réglées par les saisons et les enfants, qui étaient proches de la nature, vivaient en symbiose avec elle.

La montagne, la forêt, les champs étaient pour eux une source inépuisable de jeux, de découvertes et de liberté.

Serge Grosfilley, qui habitait au Boulu sur la commune de Mijoux, au bord de la Valserine, cette rivière bénie des pêcheurs et des braconniers, évoque cette enfance qui sous ses aspects rudes était finalement une enfance merveilleuse !

Je suis né le 21 juin 1938 à la ferme de la Nicode à Mijoux où mon père est resté pour aider sa mère veuve de guerre, jusqu'en 1942. Après on est parti à la ferme du Boulu dont mon père avait hérité. C'était une petite ferme, on y tenait cinq à six vaches et une mule, une très vieille mule ! On était cinq enfants, je suis l'aîné.

Je n'ai pas beaucoup de souvenirs de la Nicode, sinon du jour où échappant à la surveillance de ma mère j'étais allé attiser les abeilles avec un bâton. On avait un rucher important. J'avais énormément de piqûres et c'est la sage-femme qui avait accouché ma mère qui m'a baigné dans de l'eau chaude.

Ça m'avait immunisé pour plus tard parce que, gamin, on allait gratter dans les trous ou les boules au grenier et en se sauvant, on croyait que les guêpes n'allaient pas nous rattraper ! On avait des

Armand Grosfilley, le père de Serge (vers 1950).

piqûres de partout, chez moi ça n'enflait pas comme chez certains qui avaient les yeux tout bouchés et des lèvres énormes ! Moi ça formait seulement un petit point noir.

J'ai eu toutes sortes de mésaventures ! Une fois j'étais avec des copains, je devais avoir sept ans, j'ai voulu courir comme les autres dans une pente, un fil de clôture m'a arrêté par l'épaule et je me suis cassé la clavicule. Comme c'était en cherchant les escargots, tout le monde me disait : « Tu t'es cassé la clavicule en courant après un escargot ! » C'est qu'à ce moment-là, on ramassait les escargots en revenant de l'école. Je mangeais à la cantine à midi et j'emmenais le repas dans la gamelle qui était celle que mon père avait ramenée de la guerre. Une gamelle à deux étages, le plat de résistance en bas et le dessert en haut. Une dame nous la faisait chauffer à l'école et nous la lavait. Alors, au printemps, en revenant de l'école, on ramassait les escargots qu'on mettait dans la gamelle.

A l'époque on les vendait à des marchands qui passaient pour une conserverie. Ça c'était pendant la guerre, mais après tous les garçons, toutes les filles allaient aux escargots et ils en rapportaient des quantités. Je me rappelle, les voisins avaient une brouette de cantonnier remplie à ras bord d'escargots.

Le commerçant avait une bascule et les pesait. On regardait bien, parce qu'il trichait aussi ! Ça se passait chez nous au Boulu, qui était le lieu de ralliement. Les escargots, on les conditionnait dans des caisses qu'on déposait sur l'herbe pour qu'ils aient un peu à manger, et on les déplaçait au fur et à mesure. C'était une caisse sans fond avec un grillage dessus. Le jour « J », tout le monde amenait les escargots, c'étaient des centaines de kilos !

En revenant de l'école, ce qu'on aimait bien faire, c'était manger ce qu'on appelait les « p'tits choux », les faînes de fayard qui bourgeonnent ; on en mangeait des quantités ! C'est bon, c'est très doux. On mangeait aussi le miel du trèfle qu'on suçait. On n'avait pourtant pas faim en famille, mais c'était une coutume ! Quand on allait en champ aux vaches, on faisait cuire des escargots, à même la braise, sans les vider, ce n'était guère appétissant ! On les trouvait bon ! On faisait cuire aussi des *croisons*, mais c'est acide ! Des fruits on n'en avait pas beaucoup, juste ceux que nous vendaient les Gessiens. C'étaient des pommes tombées souvent véreuses !

En champ, on faisait des cabanes, c'était le jeu du jeudi. Moi, j'étais un peu chef de bande. J'avais mes deux sœurs plus jeunes qui me suivaient et mes petits voisins qui habitaient la Michaudie, une ferme isolée. Alors, c'était bien toujours un peu moi qui décidais pour l'emplacement d'une cabane. On utilisait généralement le relief du terrain et on bâtissait dans un renfoncement de rocher. On dressait un mur avec des pierres que l'on transportait et on couvrait avec des branches de sapin et des feuilles de *taconnet* et de *pétasite*, ces grandes feuilles qui ressemblent à de la rhubarbe. On les étalait sur plusieurs couches, elles séchaient comme du tabac et devenaient imperméables. C'était rudimentaire. On tenait dedans, mais à quatre pattes ! C'était la cabane du jeudi.

Mais alors, l'occupation préférée c'était la pêche, et la pêche à la main. Oh, là, là, si on en a pris des truites ! Il y en avait plein la rivière ! J'ai appris à six ans, en même temps que l'école. C'était juste après la guerre ; pendant la guerre personne ne pêchait, la rivière était la ligne de démarcation.

On habitait juste à côté de la rivière, alors pêcher les truites c'était normal. On en prenait la nuit avec des filets. On pêchait aussi énormément de grenouilles. C'est facile de les attraper à la main, quand elles frayent au printemps. On les apportait à la maison dans des viviers où il y avait bien toujours une centaine de truites à vendre. Le commerce se faisait avec des Saint-Claudiens, des Bellegardiens et des Gessiens qui venaient les acheter, quelquefois vivantes. Ils avertissaient quand ils avaient un repas. Si elle était morte on ne pouvait pas la commercialiser au-delà de vingt-quatre heures. Mais on pouvait la prolonger en l'ouvrant tout de suite pour lui mettre une ortie à l'intérieur, ça évitait que les deux côtés se touchent et il n'y avait pas de fermentation. Chacun avait ses clients. On nous disait : « Il nous faut dix truites pour après-demain ! » Il n'y avait pas de problème, on les trouvait, sinon on disait à l'autre : « Donne-moi deux truites ! »

C'est moi qui pêchais et j'allais aussi aux champignons qu'on vendait également. On se faisait de l'argent, mais on le donnait à nos parents pour nous acheter des vêtements.

L'été, pendant les grandes vacances, j'avais entre huit et dix ans, on disait : « On va au Colomby ? » Et on montait au Colomby ou bien de l'autre côté sur les Molunes. Il y avait toujours des lieux symboliques, on ne sait pas pourquoi, et c'était toujours en ces endroits-là qu'on allait. Au printemps on y allait pour ramasser des violettes et des pensées sauvages pour faire des tisanes. Quand on mettait la tête par terre et qu'on regardait le champ à l'horizontal on voyait tout bleu, tellement il y en avait. Et puis on allait autour des chalets d'alpage ramasser des épinards sauvages. On en descendait des pleins sacs à sel. On n'a jamais planté d'épinards au jardin, on ne mangeait que des épinards sauvages. On commençait par ceux d'en bas, ça durait un bon mois et plus la saison avançait plus on montait. On les cueillait avant qu'ils ne fleurissent. Puis on ramassait énormément de baies de genièvre pour la choucroute, pour le lard salé, au moins un kilo ! On allait aussi aux champignons, aux framboises, aux myrtilles, aux mûres pour la confiture. Les confitures c'était après la guerre, quand on a pu retrouver du sucre. Pendant la guerre, ma mère faisait de la mélasse avec des betteraves sucrières qu'on laissait cuire très longtemps, ça ressemblait à du miel brun et ça avait un goût de caramel. On sucrait le café au lait avec. On buvait le café au lait pour les quatre heures et le soir on buvait encore du lait froid après la soupe. C'était la nourriture de base. La soupe, il y en avait des bonnes aux légumes, mais quand c'était la soupe aux choux, elle était des fois acide, une grosse gamelle durait des fois trois jours et pour finir elle était aigre. Alors, moi je n'en ai pas de bons souvenirs ! Et puis quand il y avait des fèves je n'aimais pas trop cette grosse peau ! Ce qu'on faisait souvent c'étaient des gaudes avec la farine de maïs grillée, ça c'était bien. On laissait refroidir dans l'assiette, ça faisait une petite pellicule dessus et avec une paille on soufflait dedans.

Quand on tuait le cochon, c'était magnifique ! On mangeait les abats, les atriaux, le boudin, le pâté de tête. Les saucissons séchaient à la cuisine, on mettait des journaux dessous pour ne pas qu'ils graissent le plancher, parce qu'ils gouttaient. On finissait de manger le lard pour les foins, mais il était rance, un peu jaune parce que la saumure devait tourner. Mais il n'était pas question d'en perdre, si on n'y mangeait pas à midi, ça revenait le soir sur la table ! On ne gaspillait rien, jamais, jamais !

Puis alors on mangeait beaucoup de gibier, surtout des chevreuils parce que pendant la guerre le front des Vosges les avait poussés par ici. Il y en avait énormément qu'on ne tuait pas du fait qu'il n'y avait pas de chasseurs puisqu'on n'avait pas le droit d'avoir un fusil. Mon père, qui était un excellent skieur, faisait des battues avec tous les voisins. Ils étaient souvent embauchés l'hiver pour peller la neige, pendant huit à dix heures parfois, et tout en pellant ils observaient la forêt, les traces laissées par le gibier. Quand on a l'habitude on sait à quelle bestiole correspond chaque trace et on connaît le sens de progression, les refuges supposés. Quand ils avaient bien pellé, ils se réunissaient pour organiser leur chasse qui se faisait à la main. Ils encerclaient les bêtes et les étouffaient. C'étaient les hivers pendant la guerre où il y avait énormément de neige et ça a duré pendant quatre à cinq ans. Ils en attrapaient, un, deux, trois, ils se les partageaient et en salaient parce qu'ils n'arrivaient pas à manger à mesure. Un chevreuil représentait environ quinze kilos de bonne viande. On tannait la peau, ça faisait de jolis petits cuirs. On les tannait à l'alun et ma mère nous faisait des moufles avec le poil à l'intérieur et encore de la laine tricotée dessus. On n'avait pas froid. Pour les filles on en faisait des manchons.

A l'époque on portait des galoches avec des semelles en bois, ça pompait l'eau et ça gelait, on appelait ça des *choques* ; en marchant, la neige se collait dessus et ça faisait comme des échasses ! C'était casse-figure et on s'amusait bien ! Pour enlever ces choques, on tapait les pieds contre un mur, mais si le bois était gelé il cassait ! Alors, fallait porter les chaussures au cordonnier qui remettait une nouvelle semelle, qu'on appelait chule. Il reclouait la tige tout autour. Mon père mettait une plaque de fer sur le bois pour le protéger. On allait avec la pèlerine et nos bas tricotés en laine de mouton qui nous montaient jusqu'à l'aine. On aimait bien quand ils étaient vieux, ils étaient drapés et presque imperméables. On avait des moutons et ma mère cardait la laine à la main, la filait au rouet et tricotait énormément. Tous nos sous-vêtements étaient en laine, des maillots à manches longues, des pull-overs, des culottes, des chaussettes. Quand on enlevait nos chaussettes on voyait le dessin du tricot sur la jambe ! Pour aller à l'école, on avait la blouse grise avec des manchettes pour ne pas user les coudes. Les pantalons ils s'usaient vite au fond, alors ils avaient toujours un *patin*, c'est-à-dire une pièce. Quand la maman retrouvait le même tissu ça allait, mais des fois, sur le même pantalon, il y avait deux *patins* différents. Pour aller à l'école on portait le béret avec le petit *guillon* au sommet. Notre plaisir c'était de le faire tourner, puis après ça faisait un trou !

Une année, ce devait être en 1946 au printemps à la fonte des neiges, quand la rivière est grosse, avec mes deux sœurs on allait puiser l'eau à une petite chute, ça allait vite pour remplir un seau. Pour puiser il fallait se tenir au saule qui était à côté. Mes sœurs étaient plus jeunes de cinq ans, le seau s'est rempli d'un coup et a précipité Jeanine dans la rivière ! Colette a crié, a couru à la maison prévenir ma mère, mon père heureusement pêchait à cent mètres en amont. Il a tout de suite compris et a couru. Moi je suivais ma sœur le long de la rivière, espérant qu'elle passerait au ras de la berge. Elle était tantôt cachée, tantôt elle remontait. Mon père l'a vue, il a sauté à l'eau, l'a attrapée, l'a sortie, l'a prise par les pieds et l'a tapée dans le dos… Elle était toute bleue. Elle a crié, hurlé même. Après il l'a ramenée à la maison, l'a déshabillée et réchauffée avec des couvertures à côté du fourneau. Elle n'a même pas eu un rhume !!!

On était aguerri parce qu'il y avait des remèdes naturels : l'huile de foie de morue qu'on prenait à jeun pendant une semaine en octobre. Oh, je revois encore la bouteille carrée ! Et puis le vermifuge Lune, ça c'était mauvais aussi. C'était à période répétée. Quand on avait les yeux qui brillaient, la mère disait : « Ils ont des vers ! » Alors elle nous faisait un collier d'ail pour dormir. En dormant on respirait l'ail. Elle regardait les selles dans le pot de chambre. Le pot de chambre, l'hiver il gelait car les chambres n'étaient pas chauffées, alors on le descendait quand on se levait pour le faire dégeler derrière le fourneau !!! Ma grand-mère paternelle, elle avait ses remèdes : quand on avait la grippe ou mal à la gorge, elle nous faisait le « lait ferré ». Elle faisait rougir le crochet du fourneau dans la cuisinière, elle le trempait dans le lait, ça faisait une odeur pas possible, comme quand on ferre les chevaux, et le lait avait le goût de brûlé. Tant que ce n'était pas bu on n'était pas guéri ! Ma mère c'était les cataplasmes de farine de lin et de Thermogène, et dès qu'on toussait on avait les ventouses faites avec du papier à cigarettes. Après on avait le dos comme une panthère ! Et puis il y avait toutes les tisanes de bourgeons de sapin, de pissenlit, de camomille, d'aubépine, de serpolet, de centaurée. Si on n'avait pas tout ça, on ne pouvait pas passer l'hiver.

Après la guerre, il y a eu une époque importante pour nous, c'est l'arrivée des premières colonies de vacances et des scouts. Oh, là, là, ça c'est des souvenirs ! Monsieur Hugerot, qui s'occupait d'un foyer rural à Reims et qui faisait beaucoup de social, avait amené des jeunes de neuf à quatorze ans dans les fermes abandonnées : la Corbière, les Petites Gouilles. Ils logeaient là, sur des paillasses. Ils avaient amené des stocks américains, des toiles de parachutes et surtout des lentilles et des pois cassés ! C'était leur nourriture de base. On n'avait jamais vu de lentilles et on allait en manger chez eux. Après on en mangeait chez nous, mais le problème c'est qu'elles étaient pleines de cailloux et qu'il fallait les trier !!! Eux, ils avaient des combines, ils les faisaient rouler sur des planches humides, les cailloux roulaient et les lentilles s'accrochaient à la planche, ou ils les jetaient dans de grandes bassines d'eau, les lentilles flottaient et les cailloux tombaient au fond. Je les revois encore ramasser les lentilles qui flottaient sur l'eau avec l'écumoire.

Ils avaient aussi amené du chewing-gum. Après ces jeunes qui ne portaient pas d'uniformes, les scouts sont arrivés, avec des foulards, les feux de camp et la culture scoute, les louveteaux... Ils m'avaient donné un béret avec une étoile et je leur ai appris à pêcher. Alors des truites ils en ont mangées !

Et puis à découvrir les bons coins de champignons. Ils n'avaient pas de gros moyens, ils allaient à la boucherie, chez René Grosgurin chercher des os et ils faisaient de gros pot-au-feu avec, et faisaient cuire les lentilles dedans.

Ils construisaient leurs abris avec du bois, de la ficelle et de la toile de parachute, c'était costaud. Les coupes de bois leur étaient limitées, si on les avait laissés faire ils auraient défriché la forêt ! Après ils sont venus avec des marabouts. C'étaient des tentes immenses, toujours du matériel militaire avec des jerrycans, des seaux de toile. Ils allaient chercher l'eau dans les ruisseaux et avaient vite fait des barrages pour avoir une réserve.

Il y avait de la discipline. Ils avaient tous un grade et quelque chose à faire. Le matin il y avait le cérémonial avec le drapeau. Ils étaient là, en uniforme bleu, avec le foulard. Les louveteaux étaient de mon âge et je les aidais beaucoup pour pêcher, ramasser les escargots. Eux ne vendaient rien, ils mangeaient tout.

Le soir, il y avait le feu de camp. La veille du départ, ils faisaient toujours une petite fête. C'était incroyable l'imagination de ces jeunes. Ils faisaient des ombres chinoises sur un drap blanc éclairé par le feu, c'était un peu du cinéma. Je me souviens d'une opération de l'appendicite ! Ils chantaient beaucoup et on apprenait leurs chansons. Quand ils repartaient fin septembre, ça faisait un grand vide ! Et puis nous on reprenait l'école...

Et pourtant j'aimais l'école. On a eu Monsieur Gourgier, il était sévère, on en avait une peur ! Il ne fallait pas oublier de lui dire bonjour quand on le croisait le jeudi, sinon le vendredi la rentrée était mouvementée ! On disait : « Quand on croise Monsieur Gourgier, le bonnet nous secoue la tête ! » Mais on changeait beaucoup d'instituteurs, Les Sept-fontaines c'était le bout du monde ! Et les élèves étaient terribles ! L'été, au moment des hannetons, on les ramassait tous, on les gardait dans nos poches et en arrivant à l'école on les lâchait dans la classe. Ils ont un vol bruyant et se collent contre les carreaux, on mettait bien un quart d'heure pour les enlever ! On lâchait aussi les petites fourmis rouges dans le bureau de la maîtresse et on attendait que ça pique ! Quand c'était le moment des petites grenouilles, on les mettait dans les encriers et quand on trempait la plume, ça sortait la grenouille !

Mais tout ça on ne le faisait pas avec Monsieur Gourgier... Oh, là, là, ça aurait bardé !!!

On allait au catéchisme tous les jours et le dimanche à Lélex, avec la Lucie Grosgurin. On était abonné à « Fripounet et Marisette », à condition d'aller à la messe le dimanche, parce qu'il était distribué à la sortie de la messe. Si on manquait la messe et qu'on demandait à un copain de le prendre, elle ne le donnait pas. C'est qu'il y avait les aventures de Sylvain et Sylvette, alors j'allais les lire chez un copain.

Pour les Rameaux, Monsieur le Curé Grillon venait nous chercher les trois ou quatre plus grands pour ramasser des buis

Serge plane ses tavaillons dans son atelier des Sept-Fontaines (2006).

entre Chézery et Champfromier. Il nous emmenait dans une vieille Citroën, un tacot qui secouait ! Au retour, il nous payait la limonade chez Madame Fioretti à Chézery.

Voilà notre vie. On vivait au rythme de la nature et avec la nature.

*

A onze ans, je suis parti au collège à St Claude. On ne revenait qu'aux vacances de Noël, de Pâques et aux grandes vacances. C'était dur !!!

La première fois que je suis revenu chez nous, je disais : « Mais c'est bien petit ! » Là-bas, les fenêtres étaient immenses, les salles mesuraient trois mètres cinquante de hauteur et on dormait une centaine par dortoir !

Je suis allé à l'école jusqu'à dix-huit ans pour préparer un brevet technique et j'ai toujours travaillé dans le bois. Et puis un jour je suis revenu dans la vallée et depuis que je suis retraité j'ai repris la tradition des tavaillons. J'aime trop le bois !

Il fallait toujours marcher…

Gérard Grossiord est un marcheur ! Il connaît sa montagne par cœur ! La pêche, la chasse, le ski, tout lui est familier.

C'est tout gamin qu'il apprend à arpenter les sentiers et à courir dans les bois tout en travaillant à la ferme familiale. Il fallait toujours marcher ! Une vie rude mais saine où il fallait lutter avec les éléments tout en jouissant des bienfaits d'une nature généreuse.

Moi, je suis né aux Maisonnettes en 1919, une ferme dans la montagne à une demi-heure à pied de Lélex. C'est la Norine à Béquillon qui a accouché ma mère. Madame Bouffant, la sage-femme de Chézery, quand elle est venue pour la naissance de ma sœur avait dit : « La mère Grossiord a été mal soignée, elle va faire des fausses couches et ses gamins auront des ennuis de santé ! ». C'est vrai qu'elle a fait trois fausses couches ma mère. On aurait dû être six enfants au lieu de trois.

Quand ma sœur est née, j'avais cinq ans et je m'en rappelle comme si c'était hier. Mon père était descendu téléphoner au village - à ce moment-là il n'y avait le téléphone qu'à la Poste et dans les hôtels – c'était huit heures du matin. J'étais dans la chambre avec ma mère, elle n'était pas levée, elle disait qu'elle avait mal au ventre. Je voulais qu'elle boive de l'alcool de menthe avec de l'eau chaude, c'est ce qu'on donnait pour le mal de ventre. Mais c'étaient les douleurs de l'accouchement.

Alors je suis parti avec mon grand-père pour aller attendre Madame Bouffant au petit garage du Niaizet. C'était une voiture tirée par des chevaux. Quand elle est descendue, mon grand-père a pris son manteau et sa petite valise, puis on est remonté. Gilberte est née là-haut. C'était en 1924. Roger qu'on appelle Titi est de 1926.

Aux Maisonnettes on avait deux chambres. Celle de mes parents où je couchais petit, puis celle où on entreposait les fromages. Elle avait deux lits et plus tard j'y couchais avec le commis. Dans le temps on serrait les lits ! Mes grands-parents, je ne me souviens pas où ils dormaient.

On montait aux Maisonnettes le 1er juin et on redescendait pour la St Michel, le 29 septembre. Des fois, quelques jours avant, selon les regains. Je me rappelle que, depuis là-haut, mon père saluait Fred qui était au chalet de la Loge. On l'appelait Fred de la Calame, parce qu'il avait débuté au chalet de la Calame. Mon père gueulait avec une de ces voix : « Salut Fred ! » puis on entendait : « Oh… ben… là-haut ! ».

Aux Maisonnettes on avait une douzaine de bêtes, toujours dix vaches à lait. La propriété était autour de la maison, puis aux Bals en dessus. Les vaches y montaient le soir pour pâturer et redescendaient seules le matin. Comme on fabriquait le bleu on n'était pas tenu d'avoir une heure précise pour porter le

Gérard joue de l'accordéon.

Gérard sur le dos du mulet retenu par Mme Grossiord, assis dans l'herbe « Titi » et Gilberte.

Gérard promène sa sœur et son frère dans le barò.

lait, sauf en 1936 quand mon père est tombé malade. Il était parti en traitement et restait chez son beau-frère à Cessy. Là, on a dû entreprendre de porter le lait et c'était toute une expédition. On descendait les trois gamins, le matin avec les boilles, moi j'avais la plus grosse. Un jour ma sœur avait glissé en dessous des Maisonnettes, la boille avait culbuté, le lait a été tout renversé ! Plus grand, j'avais dix-sept ans, je descendais avec une boille de cinquante litres ! C'était le Gaby Nannet qui faisait la *mène*, si on n'arrivait pas assez tôt, on se faisait engueuler !

Chez nous les gamins n'ont jamais été malheureux, on a toujours été nourri correctement, habillé, chaussé… On ne pouvait pas se plaindre de ce côté-là, mais évidemment, la vie aux Maisonnettes c'était la galère ! On était bien là-haut, mais c'était cette histoire qu'il fallait descendre faner, travailler les champs. On fanait un peu là-haut, pour deux vaches à peine, et il fallait monter chercher le foin l'hiver avec des luges ou faire des fagots pour les amener ici. C'était une vie de galérien quand on était des deux côtés. On en a fait des pas ! Toujours monter, descendre… Il fallait tout le temps courir, beau temps, mauvais temps, on avait toujours quelque chose à aller chercher. On a eu pris de ces rincées ! On revenait avec les genoux trempés !

Une fois que j'ai eu la force, je descendais tout seul, ma mère me donnait une tranche de jambon, deux ou trois œufs, le pain, elle me disait : « Tu veux de la viande ? ». Je répondais : « Non, je sais où aller la chercher ! ». J'avais repéré deux ou trois cailloux dans la Valserine, j'enfilais la main sous l'un d'eux et j'avais ma truite ! Oh, j'ai su les faire cuire de bonne heure les truites ! A ce moment-là j'avais dix - douze ans, j'allais encore à l'école le mois de juin depuis là-haut.

Mon père avait demandé à Monsieur Mugnier, l'instituteur, s'il pouvait me faire un peu de soupe et que je la mange à l'école. C'était d'accord. Alors, Monsieur Mugnier m'apporte un pot d'un litre de soupe. J'en ai bien mangé un peu, mais je ne pouvais pas tout avaler ! Alors j'ai balancé le reste par la fenêtre qui donne derrière l'école. Le maître était justement à sa fenêtre, en haut, il a vu gicler la soupe ! J'ai reçu une de ces *branlées* ! Oh, ben mon vieux ! Quand je suis arrivé à la maison le soir j'ai dit : « Je ne veux plus manger à l'école ! ». Alors ma mère a dit : « Oh, ça ne veut pas nous coûter les yeux de la tête, tu iras manger chez Madame Fontanet. » Elle nous faisait des croûtes dorées au vin ! On était heureux comme des papes ! Quand le maître l'avait su, il m'avait dit : « Ça ne m'étonne pas de toi, espèce de gâté ! ».

Une fois, on s'était fait engueuler le matin à l'école alors avec ceux de la *fruitière* on s'était dit : « Dis donc, si on allait à la pêche cet après-midi ? ». On est parti fouiller sous les cailloux, les branches et on en a attrapé. Le lendemain, le maître nous demande pourquoi on n'était pas allé à l'école la veille. On lui a raconté une histoire. Ça a marché une ou deux fois, mais on a compris qu'il ne fallait pas insister, que ça risquerait de mal finir !

Plus tard, à treize - quatorze ans, je descendais travailler en bas pendant les vacances et je remontais pour traire.

Mon père et ma mère *traisaient*, mais c'était ma mère qui faisait le bleu. Elle avait une douzaine de saloirs à la cuisine. En juin, le lait était gras, jaune, il fallait le dégraisser parce que le fromage ne devenait pas bleu. Alors, on écrémait pour faire du beurre. C'était à nous les gamins de tourner la manivelle de la grosse baratte ronde. Quand le beurre venait vite au bout d'une demi-heure ou trois quarts d'heure, ça allait, mais selon la température, si on ne se méfiait pas, la crème gonflait et il fallait tourner pendant une heure et demie à deux heures. Ça, c'était rasoir ! Le père tournait bien un petit coup, mais c'était notre travail !

Après la mère le lavait. On allait chercher l'eau à la source, elle était très froide, ça allait bien pour le laver. On le vendait des fois dans les hôtels. Le fromage était acheté par Reybier de St Germain. On le descendait sur des luges, au Nannet, et c'est là qu'il venait le chercher. Plus tard, mon père avait un mulet et on le chargeait sur le bât du mulet.

Quand on descendait avec le traîneau il fallait les tenir pour ne pas qu'ils renversent, on avait un chemin difficile et on a eu renversé plus d'une fois les fagots de foin. Quelle histoire ! Là-haut on en a vu ! Mais on n'était pas malheureux, seulement il fallait toujours marcher !!! Si on avait pu compter les kilomètres qu'on a faits ! Toute mon enfance j'ai travaillé avec mes parents et c'était toujours courir, marcher, descendre faire les courses au village. On n'avait pas de four à pain là-haut, alors mon père descendait le faire à la maison d'en bas. Le soir il mettait le levain, il remontait coucher. Quand j'étais plus grand que je « m'aidais » à traire, il couchait en bas, il pétrissait le matin et il remontait sur le coup de midi avec du pain frais qui sentait bon ! On le gardait une quinzaine de jours dans le pétrin. Sur la fin il fallait parfois raser un peu pour enlever la moisissure. On achetait la farine à la Chapelle. On ne semait pas beaucoup de blé à Lélex, mon oncle du Clus arrivait à faire sa farine toute l'année avec un blé canadien qui était acclimaté à la région.

Le matin on déjeunait avec des tartines de beurre et de confiture. La confiture faite par la mère avec les fraises, les framboises et les myrtilles ramassées là-haut. On allait aux myrtilles avec mon père, jusqu'au Crêt de Chalam, en voilà encore une trotte ! J'avais un bidon de dix litres que je remplissais, mon père un grand bidon de quinze litres. Pour revenir du Crêt de Chalam par les Closettes avec tout ça, ben dis donc, c'était pas rien ! On les ramassait avec un peigne qu'on empruntait au père Marius d'en bas. C'était un peigne avec des longues dents, on peignait sur un couvercle de boîte à biscuits. Après j'en avais fait un avec des baleines de parapluie, puis j'avais aménagé une planche avec un déversoir, les myrtilles roulaient sur la planche, tombaient dans le bidon et les feuilles restaient sur la planche. Trier à la main, on serait devenu fou ! On allait cueillir les fraises des bois qu'on mangeait avec de la crème fouettée. Ben mon vieux ! C'était formidable ! On allait aussi aux champignons et ma mère faisait des chanterelles à la crème. On ne mangeait que des produits naturels, on n'était jamais malade. Là-haut on avait nos jambons, on tuait le cochon, l'automne et au printemps on montait les jambons. On les faisait sécher au-dessus du fourneau, on levait les cercles et la fumée montait. Là-haut on avait aussi le jardin, les pommes de terre y venaient bien, elles étaient toujours aussi farineuses ! On cultivait aussi les choux, les carottes, les haricots, les petits pois, la salade. On avait trois cerisiers : un qui donnait des petites griottes, un autre des cerises toutes noires qui nous tachaient la bouche.

Mon père commandait le vin chez Chevassus à Lajoux. Il nous l'amenait en haut des Bals, sur un replat à la limite de Bellecombe. Il y en avait deux tonneaux de soixante litres et il fallait les descendre par le petit chemin en se veillant bien de ne pas les renverser ! Oh, quelle corvée ! C'était le vin pour l'été. Si on en manquait l'automne, le père en montait avec la hotte. Il en montait du fourbi avec sa hotte ! Une année, mon frère et ma sœur avaient choppé la coqueluche. C'était au printemps et il fallait monter là-haut, alors mon père avait mis les deux gamins dans la hotte ! Ma sœur devait avoir cinq ans et mon frère trois ans. Il avait l'habitude mon père de tout porter à dos. Quand on fanait à fagot, comme le Guy Coutier, c'était soixante-dix à quatre-vingts kilos qu'il fallait porter sur le dos !

Moi, j'ai commencé gamin, avec un petit drap, puis après des petits fagots de dix, puis vingt kilos. Puis après je voulais faucher, j'étais dingue de la faux ! Je m'en fabriquais, mes parents ne voulaient pas parce que je risquais de me couper. Je m'étais emmanché une faux, au petit bonheur, puis je partais aux Bals, faucher les épilobes qui poussent autour des masures. Je prenais mon casse-croûte comme les anciens. Je devais avoir sept ou huit ans. J'étais un enragé !

Un jour, j'avais encore mon grand-père, je devais avoir onze ans, il fauchait sur le Câtelet avec le commis, moi, je *désendelais*, puis je rouspétais : « Pépé, prête moi ta faux ! ». Alors il me donne la faux, moi je me mets à faucher mais je n'ai pas avancé d'un mètre et puis je tombe sur un guêpier qui était là dans la terre ! Les guêpes sont sorties ! Moi je me suis sauvé me cacher dans le bois, elles me poursuivaient, mon grand-père avait eu au moins une quinzaine de piqûres, ben mon vieux ! Oh, cette passion de la faux ! Et je l'ai toujours ! J'adore faucher. Quand j'avais trente, quarante ans je ne craignais personne, j'allais faire des concours aux Moussières. Aux Maisonnettes on a toujours fauché à la faux, ce n'est que plus tard qu'on a acheté une moto-faucheuse.

Dès que j'ai pu, à dix ans, je portais le foin à fagot comme les grands. J'avais ma petite corde, elle faisait quatre mètres, avec une boucle. Un coup je ramenais mon fagot sur le dos, il y avait une vipère dedans ! J'ai sauté sur la vipère, elle est sortie quand j'ai posé le fagot. Heureusement, j'avais mes souliers montants, j'ai pu la tuer à coups de talon !

Je faisais tout comme le père : faucher, porter les fagots, porter le lait, traire les vaches. Au début on *avésait*, on graissait les tétons, souvent avec un chiffon quand les vaches étaient sales, quand elles étaient *éraillées* parce qu'elles mangeaient l'herbe tendre du printemps ou le regain de l'automne.

Les vaches on les gardait jusqu'à quatorze ans, des fois dix-sept ! Mais c'étaient pas des vaches à vingt litres de lait, pourtant on en a quand même eu une bonne qui donnait vingt à vingt-deux litres. Elle s'appelait Diamant. Elle a fait deux veaux, mais en vêlant du deuxième ça lui a crevé la matrice et il avait fallu la tuer ! Mon père pleurait… On en avait déjà eu deux qui avaient mal tourné. Oh, ben moi cette année-là, j'avais dit : « Je ne tiendrai jamais des vaches à mon compte ! ». Ça m'avait découragé. Les veaux on les vendait, mais on élevait toujours deux génisses et quand elles vêlaient on vendait les deux plus vieilles vaches. On les vendait aux maquignons. Oh, ben mon vieux, il fallait discuter ! Moi je n'avais pas cette patience. M. de Chézery, il faisait de ces sauts par derrière les vaches :

- Allez Clotaire, faut rabattre.

- Je te dis que non !

Moi j'étais en train de nettoyer l'écurie. Il dansait derrière les vaches ! Oh, il fallait de la patience !

L'hiver on vivait au village, dans notre maison de la Pellière et on allait à l'école avec nos pantalons courts et les bas que l'on remontait sur les genoux. On avait la pèlerine qui nous protégeait bien contre le froid. C'était un drap épais, l'eau ne passait pas mais elle était lourde quand elle était mouillée. On portait le béret basque, les filles des bonnets. On partait à l'école en skis et à la récréation on se lugeait. Moi j'avais cinq ans quand j'ai chaussé mes premiers skis, c'était le Mile de Sous les Loges qui me les avait donnés, mais j'en avais déjà qui avaient été faits avec des douves de tonneau, on appelait ça des patinettes. Avec les Grosgurin, on commençait plus haut que le Clus, on sortait du bois pour descendre vers la rivière, on allait déjà à une sacrée vitesse, quand on arrivait par le Billet, ça nous chatouillait le ventre, tellement on allait vite ! On a vite été aguerri nous les gamins, on avait les pentes, on avait la neige ! On avait de ces paquets de neige en ce temps-là ! On allait peller la neige sur le toit aux Maisonnettes, pour ne pas qu'il s'effondre ! On avait un mètre cinquante de neige, s'il pleuvait dessus au redoux des Rois [(1)], ça ne se connaissait pas, et puis il reneigeait et il refaisait froid. Au printemps, il y avait de l'eau dans la Valserine, et avec Pierre Grosgurin qui était ingénieux comme tout, on avait fait un radeau. Il faisait quatre mètres sur un mètre cinquante. On lui avait mis des roues à palettes avec une manivelle pour les actionner. On avait un banc pour s'asseoir. On montait les quatre gamins de la fruitière, les trois de la Pellière puis le chien. Les plus grands étaient aux manivelles et les plus petits vidaient l'eau du radeau avec leurs bottes ! Oh, ben, si on ne s'est pas noyé !!! On allait jusqu'à « Air France ». Là-bas il y a des endroits où l'eau monte à plus de deux mètres ! Quand on est gamin, ce qu'on peut être inconscient ! Ça, on le faisait en juin, quand j'étais aux Maisonnettes, j'arrivais tout mouillé et je prenais une de ces *branlées* par ma mère…

J'allais à la pêche. J'ai pris ma première truite j'avais neuf ans, ça m'a mis la maladie et elle ne m'a pas quitté ! Oh, ben la pêche !!! Je rentrais de l'école à midi, je dînais en vingt minutes, je prenais ma canne à pêche et je courais à la rivière. J'avais une petite heure devant moi, avant la reprise de l'école à une heure et demie. Des fois j'en prenais une, des fois deux, à la fin de la semaine j'en avais assez pour les porter à l'hôtel. Un samedi j'en avais pris un kilo ! L'hôtel m'avait donné trente francs que j'avais mis dans mon porte-monnaie. J'avais toujours un petit

(1) Le 6 janvier, jour de l'Epiphanie.

porte-monnaie sur moi pour acheter des cachous et des réglisses chez la Marie de la Chapelle. Le lundi, je suis allé à l'école en oubliant de retirer l'argent. Voilà qu'en sortant mon mouchoir de ma poche, le porte-monnaie tombe ! La maîtresse se précipite dessus et elle trouve les trente francs. Quel drame ! Elle a fait une lettre pour mes parents, ils devaient justifier d'où venait cet argent. J'avais dit à la maîtresse :

- J'ai vendu des truites !

- Ah, ça ne m'étonne pas que tu saches si bien tes leçons !

A la maison, mes parents m'ont disputé :

- Pourquoi tu n'as pas rejoint tes sous ?

- Je n'y ai pas pensé…

C'était suspect un gamin qui avait de l'argent. Habituellement je l'apportais à mes parents et ils me donnaient au fur et à mesure quand je voulais acheter mes cachous et mes réglisses, et puis du chocolat chez la Marie du « Casino ». Ça n'allait pas plus loin…

Je me souviens quand j'allais à Chézery avec ma mère. On passait sous le tunnel qui était en construction. J'avais quatre ou cinq ans. Ce devait être en 1924-1925. On descendait à Chézery pour aller à Bellegarde avec le tram. Ma mère, quand il y avait des braderies, elle achetait des tabliers.

On était souvent du monde chez nous, on avait une grosse parenté et c'était un peu la maison du Bon Dieu. Les gens venaient discuter, on buvait une chopine.

Sous les Loges, c'était la maison de famille, mon père, mon grand-père y sont nés. Alors là, il en a passé du monde au temps de la contrebande ! Le grand-père allait à Genève avec ses deux chevaux, il revenait vers dix heures du soir, et à minuit la marchandise était déjà partie ! C'étaient des gars du Jura qui la reprenaient. En attendant, ma mère faisait le bouilli, les gars mangeaient le bouilli et buvaient des canons. Et puis ils repartaient à pied jusqu'à la Pesse, St Claude après avoir traversé la Valserine. Eux aussi, c'était des marcheurs !

*

Si vous saviez tous les kilomètres que j'ai faits durant ma vie ! Tout gamin des Maisonnettes au village, puis après pour la pêche, la chasse, le ski, l'armée, aux « Eclaireurs skieurs ». Faut pas s'étonner si on a mal aux genoux maintenant !

Mais cette vie je l'aimais ! A la fin de la guerre quand je voyais que j'allais être rappelé par l'armée, j'avais demandé une place de douanier. Je devais me présenter le 10 mai 1945 à la Cure, l'Armistice a été signé le 8. Alors, j'ai tout abandonné, j'étais trop accroché à mon village ! Et quand la station s'est développée, je me suis lancé dans la location des skis.

On a été formé au travail depuis tout petit

Félix Grosfilley, que tout le monde appelle Féfé à Lélex, a été bercé durant toute sa petite enfance par la roue du lapidaire l'hiver et le marteau de charron l'été. Une ambiance laborieuse qui vous forme au travail depuis le plus jeune âge.

Et puis la vie à la ferme, parce qu'en ce temps-là, on était artisan et paysan tout à la fois.

Il raconte, en se souvenant des deuils laissés dans sa famille par la guerre de quatorze. Cela aussi a marqué son enfance !

Je suis né en 1923 à Lélex, dans cette maison que je n'ai jamais quittée. Ma sœur Andrée y est née en 1920, mais elle est allée habiter Chézery à son mariage.

Mon père y était né lui aussi ainsi que ses deux frères et sa sœur. Les trois garçons sont partis à la guerre de quatorze, deux ont été tués sur le front, seul mon père est revenu, mais après avoir été fait prisonnier et emmené en Pologne. Mes parents se sont mariés à son retour en 1920. Ma grand-mère est morte de chagrin : elle n'a pas supporté de voir ses trois enfants partir à la guerre, deux tués et sans savoir si le troisième reviendrait ! Ma tante n'a pas quitté la maison, je l'ai gardée avec moi jusqu'à sa mort.

Mon grand-père qui avait déjà donné deux de ses enfants à la patrie, quand en 1918 le ministre de la Défense a demandé aux Français qui détenaient encore de l'or de le porter à la mairie pour sauver la République, il a fait le fond de ses poches et de ses tiroirs et a tout donné !

Je me souviens quand j'étais gamin, qu'il travaillait du lapidaire, il arrêtait un peu avant de manger la soupe et il se promenait de long en large dans la chambre en chantant la Marseillaise !

Alors moi depuis tout petit j'ai vécu dans cette ambiance, ce qui ne m'a pas empêché de vivre une enfance comme tous les gamins de mon âge.

Mon père travaillait du lapidaire, ça marchait fort après la guerre, et en même temps il faisait le charron. On avait sept vaches à lait et une ou deux génisses. Il était à la fois paysan, charron et lapidaire.

« Féfé » sur le dos de la Belle (1932).

A la maison, on a été formé au travail depuis tout petit. Il y avait toujours une corvée à faire en revenant de l'école. Pomper l'eau, je me souviens, on n'avait pas l'eau à la maison, on devait aller la chercher à une source plus bas. A ce moment-là, on portait à boire aux vaches dans des seilles qu'on déposait dans les crèches. On mettait un bidon d'eau froide et un quart d'eau chaude qu'on avait fait chauffer dans la grande chaudière. A ce moment-là, on donnait aux vaches ce qu'on appelait le fleurage, c'est-à-dire une farine de troisième catégorie que l'on délayait dans de l'eau et qu'on versait dans la boisson des vaches. Les jeudis et dimanches et pendant les vacances, on allait « s'aider » dans les champs.

Au printemps on allait défaire les taupinières avec le petit râteau et ramasser les cailloux. Tout à la main, c'est qu'on fauchait à la faux à ce moment-là et les prés devaient être propres. Les cailloux, on les ramassait avec un bidon, et quand on en avait un tas on les portait avec la brouette jusqu'au talus au bord du ruisseau où on avait fait un *perru*.

L'été on râtelait tout au petit râteau quand on chargeait le foin. On devait enlever les râtelures qui restaient après que les femmes aient enlevé les andains. On les portait au char avec notre petite fourche.

Les râteaux et les fourches étaient fabriqués par le Narcisse Durrafourg du Creux, il en descendait chaque printemps un char au Pays de Gex. Ils étaient tous bien arrangés les uns dans les autres sur le char, c'était beau à voir ! Il y avait les petits râteaux et les petites fourches pour les gamins.

A l'automne on allait en champ les vaches. Moi, je recommençais à la Toussaint, mais ma sœur reprenait le 15 septembre. On avait comme institutrice Mademoiselle Poncet de Martignat, sa sœur enseignait aussi aux Sept-Fontaines. Elle faisait tous les cours et emmenait quand même les gamins au Certificat d'Etudes, même si on manquait deux mois l'automne. Moi, j'y suis allé à treize ans et demi et je l'ai passé à Gex.

A l'école on apprenait la politesse. Les garçons devaient toujours lever leur béret pour dire bonjour. La maîtresse nous accompagnait jusqu'à la barrière de la cour, on avait notre béret à la main : « Au revoir Madame », on remettait notre béret quand elle était repartie. Si elle voyait venir quelqu'un, elle restait là pour voir si on levait le béret pour dire bonjour.

Le soir on jouait dans la rue, on faisait du vélo. Moi j'avais le vieux vélo de mon oncle qui a été tué à la guerre. C'était la marque « Hirondelle » de St Etienne.

L'hiver on prenait nos skis pour aller à l'école et à midi on faisait vite une descente. On montait au-dessus du « Chamois », ça nous faisait deux cents mètres… Nos skis, c'étaient des planches améliorées avec des étriers tournants et puis des bâtons de noisetier avec une rondelle en bois. Mon père m'en avait fait une paire puisqu'il travaillait le bois. On skiait avec nos culottes courtes et nos bas de laine, on avait les genoux tout violets !

Pour Noël, on mettait nos sabots dans la cheminée qui est dans la grande chambre [(1)], une cheminée avec une porte qui s'ouvre. Le matin de Noël, on allait ouvrir la porte, on trouvait une orange, une papillote, un jouet. Tout petit, j'avais eu un ours. Je ne partais pas me coucher sans mon ours ! Je l'ai retrouvé il n'y a pas si longtemps, il était tout pelé !

Le 1er janvier, on allait souhaiter la bonne année chez les voisins. On disait : « Je vous souhaite une bonne année, une bonne santé. » C'était le refrain. On nous donnait trois papillotes, une orange, un cornet de bonbons. L'après-midi, j'allais chez ma marraine qui me faisait toujours des étrennes.

Pour le carnaval on se déguisait. Je me rappelle, ma tante avec les filles des Forges, elles étaient toute une bande, s'étaient toutes « machurées » avec de la suie. Elles étaient méconnaissables ! On sortait les vieux vêtements du grenier : des grandes chemises,

(1) La chambre où le grand-père travaillait du lapidaire.

des grandes robes. On avait la chaussette de laine, les gens mettaient deux sous dedans, et un panier pour les œufs. On partageait les sous et on faisait l'omelette.

On jouait beaucoup avec les jeux de société : aux cartes, à la bataille, à l'homme noir, au jeu de l'oie, aux dominos. J'avais un « Meccano » et tous les ans on m'achetait un complément. On faisait toutes sortes de choses avec, un moulin à vent, un tracteur... Tout le monde n'avait pas la chance d'en avoir un !

On se nourrissait sainement avec nos produits, on avait notre jardin, nos poules, nos lapins. Les bouchers passaient et on achetait le bouilli pour le dimanche. On mangeait beaucoup de fromage et on buvait beaucoup de lait. Le souper, c'était une assiette de soupe et une assiette de lait. Je me rappelle mon grand-père qui était un gros mangeur, il prenait une assiette de soupe bien pleine (des vraies assiettes à soupe !) et encore une

La famille Grosfilley en 1932. De g. à dr. : Charles le grand-père, Adonis le père, Félix, M et Mme Brevet des cousins, Clémence la tante, Andrée la sœur et Marie la mère.

moitié. Après une assiette et demie de lait qu'on levait le matin et qu'on gardait à la cave pour qu'il soit bien froid ! On avait notre pain qu'on mangeait avec. Quand on allait à l'école, on déjeunait avec un bol de café au lait, on emportait un morceau de pain et de chocolat pour la récré, et on goûtait quand on rentrait à quatre heures avec pain, fromage et chocolat.

Ma mère nous confectionnait nos vêtements avec ma sœur qui était couturière. Elle avait appris avec l'Armande Grenard. Elle nous faisait nos culottes, tricotait nos bas et nos chaussettes, nous faisait aussi nos blouses d'école qui « boutonnaient » sur le côté.

Quand il y avait un deuil dans une maison, tout le linge était teint ! Je me rappelle quand mon grand-père est mort en 1937, ma mère a sorti la marmite, mis le petit paquet de poudre dans l'eau et puis elle a teint tout le linge en noir ! Il fallait porter le deuil !

✶

J'ai fait le paysan toute ma vie. L'hiver je travaillais du lapidaire. J'avais appris avec ma tante et ça marchait bien sitôt après la guerre, c'est ce qui a désenclavé la vallée.

Quand je pense à la vie qu'il y avait autrefois dans nos villages, c'est incroyable ! Jusque dans les années soixante-dix, on était une quinzaine de porteurs de lait et quand les ouvriers et les artisans sortaient des ateliers de lapidaire le soir, ils se rassemblaient dans les cafés.

Il y avait du monde dans toutes les maisons. Aujourd'hui, on n'est plus qu'une poignée de Lélerands !

Ces maisons qui ont une âme

Je vais vivre à Lélex l'été, j'ai besoin de l'air des sommets et de cette vie dans la nature, près des sapins.

J'aime aller me promener dans cette partie de la vallée exposée au sud, qui était habitée et cultivée jadis jusque vers son sommet et que la forêt vient envahir aujourd'hui. Certaines maisons y sont en ruines, d'autres ont été rachetées et restaurées.

Il en est une que l'on découvre l'hiver lorsque les arbres se sont dépouillés de leur feuillage, parce qu'ils y ont fait leur place tout autour et la cachent à notre regard. On l'appelle Le Pralay.

J'ai eu le coup de cœur pour cette vieille demeure qui n'est plus habitée et j'ai voulu connaître son histoire. Car les maisons ont une âme ! Ah, si leurs murs pouvaient parler !

Bernard Blanc y est né en 1942. Il nous raconte.

Le Pralay, c'est une vieille maison, l'une des premières de Lélex. Quand mon arrière-grand-père, Evariste Blanc, l'a achetée en 1875 c'était une ruine, c'est ce qui est écrit sur l'acte de vente. Elle avait encore son toit en tavaillons. C'est lui qui l'a restaurée. Ma mère y est née en 1912. Quand elle s'est mariée en 1932, elle est allée habiter au Gros Sapey en dessus de la Gauche, puis avec mon père, ils sont redescendus en 1940 à la mort de mon grand-père. Moi j'y suis né en 1942 et j'ai dormi dans le berceau de bois. J'avais un frère né en 1934.

La maison toujours fermée (2006).

La famille Blanc en 1923. De g. à dr. : Alexandrine, Reine, Marie, Jeanne, Maurice, Ulysse, Angèle, Albert Définod, Maurice Duraffourd, Henri, Louis, Cyrille Verchère et Léon.

On entrait dans la première cuisine, après c'était le *poêle*, puis une chambre qu'on appelait la chambre froide où on entreposait le lait caillé pour faire le fromage. Il y avait aussi la cave voûtée pour garder les légumes. En haut, deux chambres et la grange. Et puis une remise au nord. L'écurie était à côté de la cuisine avec une porte correspondante. De la cuisine on pouvait porter à boire aux vaches, chaque vache avait sa seille en bois.

On donnait à boire deux fois par jour, on portait la seille à deux et on la déposait dans la crèche. On allait chercher l'eau au puits juste à côté, mais quand l'eau manquait l'hiver, il fallait monter la chercher jusqu'à la source du Gros Sapey. On n'avait pas l'électricité, on l'a eue en 1949. Tout se faisait à la lampe à pétrole et à la bougie.

Dans mon enfance, il n'y avait pas de chemin pour venir à la maison, on portait tout à dos. On fauchait à la faux et on fanait à fagot. On avait aussi la ferme des Calamettes et la Duprâle. On y rentrait le foin pour l'hiver. On allait le chercher au fur et à mesure. Il fallait faire les fagots et les monter avec le traîneau. Mon père labourait à la bêche pour planter les pommes de terre, les oncles du Niaizet venaient lui donner la main. En 1954, il a acheté un mulet, c'était déjà un progrès, on avait un petit tombereau pour aller dans les champs et on a acheté une charrue pour labourer ; c'était mieux que de tourner à la bêche !

On avait une douzaine de vaches et chaque automne on tuait un veau pour faire le *bresi*. C'était la viande qu'on faisait sécher pendant un mois et demi, si on voulait la fumer on la suspendait dans la cheminée. Puis on la montait à la chambre d'en haut, couverte avec un drap pour la protéger des mouches, ou alors on la salait dans de grandes toupines. On en faisait du pot-au-feu. On élevait aussi des poules et des lapins.

Bernard en champs avec son frère Rémy, à gauche, et Eugène du Clus à droite.

Bernard et le mulet,
son père au tombereau.

Fenaison à fagot. De g. à dr. : Bernard,
son père assis, sa mère et « Fonfon ».

Au jardin on cultivait les légumes, la chicorée pour faire le café pendant la guerre. On semait du blé pour faire notre pain, on avait un four et un moulin à bras. Les voisins venaient moudre leur grain chez nous. On avait aussi des pommiers, des pruniers, des cerisiers, maintenant plus rien ne vient, les sapins sont descendus et ont refroidi.

Ma mère faisait des conserves, mais comme on n'avait pas de bocaux on utilisait des bouteilles de Cerdon, on fermait avec le bouchon et le fil de fer qui va dessus, on faisait stériliser dans la chaudière. Les prunes, les cerises puis les haricots. Mais pour sortir les haricots, il fallait un crochet en fil de fer ! Les gamins, on faisait ça.

Rien n'était perdu à l'époque, on n'avait pas besoin de poubelle ! Si on avait une boîte de conserve on plantait une fleur dedans ou on la mettait sur un piquet pour éviter qu'il pourrisse. Les cendres servaient à faire la lessive. Je me rappelle quand j'étais gamin on trempait nos mains dans le lissu, c'était doux ! Les femmes faisaient deux lessives par an.

Il y avait toujours une quinzaine de draps qui séchaient par maison et tout le monde faisait la lessive en même temps. On plantait des piquets et on mettait des cordeaux pour l'étendre. Monsieur Péray, l'instituteur, disait : « Ah, voilà les Lélerands qui pavoisent ! ». Les femmes se donnaient la main, elles étaient trois ou quatre ensemble. Madame Vuarin qui était aux Casernes a fait la lessive partout à Lélex ! On disait : « On va aller chercher la Rosine ». On lui donnait des légumes pour la remercier.

Autrefois, aucune porte n'était fermée à clé. Chacun savait où se trouvait le vin et s'il avait soif, il rentrait boire un coup, laissait une pièce sur la table en paiement. On a fermé les portes quand les marchands ambulants ont commencé à passer avec leur ballot de linge.

Moi j'ai commencé l'école à six ans. L'hiver on descendait en luge, plus grand en skis. C'était un artisan de Bellecombe qui avait fait ma première paire. Ils étaient en frêne et on devait les mettre dans un moule l'été pour ne pas qu'ils se déforment. On y passait de la cire d'abeille dessous pour éviter que la neige colle. Je suis allé au Certificat à quatorze ans et j'ai travaillé à la ferme jusqu'à mon départ pour l'Algérie à dix-neuf ans et demi. Mais depuis l'âge de six ou sept ans, j'aidais mes parents pour les travaux des champs. Gérard Grossiord m'a dit : « Depuis chez nous, au village, on voyait ce petit bout de gamin qui faisait les foins ! ». J'avais ma petite fourche pour tourner le foin et mon petit râteau pour râteler.

De g. à dr. : Bernard, Rémy son frère et Guy Coutier un voisin.

L'automne on allait ramasser les feuilles pour faire la litière aux vaches. On leur donnait du tourteau d'arachides en tablettes, nous les gamins on en prenait une poignée et « hop » on la mangeait ! C'était bon.

Quand on allait à l'école, on jouait aux cartes en revenant le soir. J'avais un oncle qui venait donner la main à la maison, on jouait avec lui à la « bête ombrée ». Il n'y en a plus guère qui jouent maintenant. Ça se jouait avec de l'argent, mais nous, les gamins, c'était avec des pions. A l'école on jouait aux billes, on s'en fabriquait en terre glaise, on les faisait cuire au four de la cuisine et on les peignait à la peinture à l'eau.

L'hiver on allait veiller les uns chez les autres.

On montait au Clus, à la Mignonne, on y allait tous ensemble en s'éclairant avec la lampe tempête. Il y avait la grande cheminée avec les bûches de bois, les hommes jouaient aux cartes, parfois des femmes mais la plupart du temps elles tricotaient. S'il y avait un gamin on s'amusait, sinon on attendait... A minuit, il y avait le casse-croûte, la maman avait fait un gâteau.

Aux veillées on racontait ce qui se passait, les hommes apprenaient les nouvelles à la fruitière le soir. Moi je n'ai jamais vu un journal à la maison (1). On les apprenait aussi quand les bouchers passaient le vendredi. Ils s'arrêtaient au village et on les attendait dans les bistrots.

On allait se faire servir dans la camionnette et après boire un coup. Les bouchers allaient de bistrot en bistrot et ensuite dans les fermes. Pendant la guerre, Millet de Chézery montait avec son mulet et sa charrette à Lélex, puis à pied avec sa hotte jusque chez nous. On commandait la viande d'une semaine sur l'autre, c'était le bouilli pour le dimanche.

On prenait le temps de vivre en ce temps-là, on n'était pas toujours à la course comme maintenant !

---

(1) Il n'y avait pas de T.S.F. puisque pas d'électricité.

*

Cette maison, je l'ai quittée en 1962. Elle a été achetée en 1972 par un Parisien qui a fait le chemin qui part de la route, puis revendue quelques années plus tard à un retraité de Bellegarde.

Depuis elle attend toujours avec ses vieux murs qui se tassent, au milieu des fourrés qui l'envahissent petit à petit, que ses volets s'ouvrent à nouveau.

Bellecombe

Bellecombe, qui porte si bien son nom, est une large combe, située à mille deux cents mètres d'altitude, au cœur du Haut-Jura. C'est un territoire, une commune sans village puisque les maisons y sont toutes dispersées au milieu des champs qui sont de verdoyantes prairies l'été, et ensevelies sous un lourd manteau de neige l'hiver.

La vie y est rude. Elle a forgé des montagnards au caractère bien trempé, habitués à lutter pour vivre et à assumer les caprices du temps.

Est-ce pour cela qu'on y vieillit bien et qu'on y devient si vieux ?

« C'est qu'on a une vie saine ! » reconnaissent ses habitants.

Roger Gros-Burdet, Michel Gros et Claudette son épouse nous racontent leur scolarité à la petite école de Bellecombe.

Roger : « Je suis né aux Closettes en 1931. Mes parents étaient paysans. Ma mère habitait Bellecombe et, à son mariage, elle est allée chez sa belle-famille aux Closettes. Mon père avait trois sœurs, et ils vivaient tous ensemble. Ça n'allait pas tout seul et ma mère m'a porté à la Loge, à Bellecombe chez ses parents. En 1938, mon père a loué une ferme à Bellecombe et je suis retourné habiter en famille. J'avais sept ans quand j'ai commencé l'école. »

Michel : « Moi je suis né en 1932, aux Humberts, mes parents Maxime et Marguerite Clerc eux aussi étaient paysans et je suis fils unique. »

Claudette : « Et bien moi je suis de 1938, mes parents exploitaient la ferme du Cernois et on était six enfants, trois filles et trois garçons.

» On habitait à trois kilomètres de l'école, on emportait notre repas de midi dans notre bidon qu'on faisait réchauffer sur le fourneau rond de l'école, avec la grille autour, le grand tuyau de poêle et le couvercle avec un bouton de cuivre. On enlevait le couvercle et on posait le bidon sur le fourneau. Dans notre bidon il y avait la soupe, un morceau de lard, des fois du pot-au-feu qui restait du dimanche, le fromage. On mettait tout réchauffer ensemble, le fromage fondait et le lard donnait du goût à la soupe ! Une fois par semaine on avait un *mate-faim*. On avait des assiettes qui devaient être en fer. On les lavait à la cendre après avoir mangé. On était toujours sept ou huit. La maîtresse venait nous voir de temps en temps. Les grands s'occupaient des plus petits. On mangeait sur les tables de classe et quand il faisait beau, dehors dans la cour. L'été quand il faisait chaud on rentrait, à midi, mais ça nous faisait six kilomètres aller et retour ! »

Michel : « Nous on restait manger à midi, quand il faisait très mauvais l'hiver. L'école n'était qu'à un kilomètre !

» J'ai commencé l'école à six ans, on était toujours en bande et on s'entendait bien sur le secteur de Boulème, on s'attendait et on faisait le chemin ensemble. Mais il y avait les plus grands qui se sentaient les maîtres, après on n'en menait pas large ! Alors, au fur et à mesure qu'on grandissait, on s'en est pris à eux et ça semait la zizanie. Il y avait toujours une anicroche, une excuse qui n'était pas valable, alors on procédait avec des mensonges aussi bien d'un côté que de l'autre et c'était la bagarre ! On rentrait souvent avec des boutons qui manquaient à la blouse, ou alors elle était déchirée !

Avec Paul Barbe mon voisin, on faisait des farces et on accusait les autres. Une fois on était allé brasser le champ d'orge du voisin. Quand il s'en est aperçu il a demandé :

- Qui a fait ça ?

- C'est les écoliers de Boulème !

Alors, ils s'étaient fait corriger ! Voilà comment ça se passait. Il faut dire qu'on avait l'instituteur Benoît qui était un très bon maître d'école, mais assez sévère. Alors, les plaisanteries ça ne passait pas tellement avec lui. Mais la maîtresse qui est venue après, on lui faisait toutes sortes de misères ! On s'en prenait à son gros chat blanc. Oh, elle l'a cherché bien des fois ! On le cachait. Une fois ç'était dans une boille de lait. Il miaulait, miaulait, mais elle ne savait pas où il était ! Une fois, à la récréation de l'après-midi, on est parti en bagarre. La maîtresse est sortie : « Qu'est-ce qui se passe ? » Elle n'a pas cherché à savoir d'où ça venait, elle nous a donné une punition : cinq cents lignes à faire le soir pour les trois, Paul, le beau-frère et moi. Alors on a commencé l'ardoise. Elle avait sa mère qui était venue de St Claude, alors, elle monte dans son appartement et nous dit : « Quand vous aurez rempli l'ardoise vous monterez me la faire voir. » (On remplissait l'ardoise des deux côtés, la maîtresse comptait les lignes, les effaçait et on devait recommencer).

Quand on lui monte nos ardoises pleines, elle nous dit : « C'est bien, continuez… » Moi qui étais abonné pour rester en retenue, j'avais trouvé le moyen d'évasion. Je dis aux deux autres : « Vous savez pas, il y a la fenêtre ouverte, on va sauter par la fenêtre et on se sauvera du côté de la montagne, la maîtresse ne verra rien ! » On s'est sauvé. C'était un mercredi, le jeudi on devait aller vendre des bleuets [(1)]. Ça s'est bien passé. Le vendredi matin j'ai fait celui

(1) Vente faite au profit des anciens combattants.

qui avait mal au pied, ma grand-mère dit : « Tu ne peux pas retourner à l'école aujourd'hui, tu iras lundi. » Je regardais passer les autres qui allaient à l'école. Ça s'était bien passé pour eux, parce que la mère de la maîtresse avait dit : « Il faut supprimer les lignes ! » Ma femme a voulu faire pareil, mais ça n'a pas réussi de la même manière ! »

Claudette : « On était resté en retenue, avec la sœur de Paul, parce qu'on n'arrivait pas à faire nos divisions. Je dis aux autres : « Puisqu'ils se sont sauvés on devrait en faire autant ? » On est parti, mais le lendemain, retour à la maison avec le mots aux parents et toute la journée des divisions à faire à la maison… Oh, j'en ai fait ce jour-là ! »

Michel : « La maîtresse avait l'habitude de nous garder en retenue et il fallait faire les devoirs à l'école. En hiver, quand elle nous relâchait à huit heures du soir, je rentrais dans la nuit, à ski, dans la neige ! Au clair de lune ça allait encore, je n'avais pas peur ! Mais je ne traînais pas. Des fois on était deux ou trois, mais souvent j'étais seul parce que c'était moi qui écopais le plus ! Pour finir, ma mère en avait parlé à Martial qui était officier de police à St Claude. Il avait fait un rapport, elle avait reçu un avertissement et ça ne s'était plus reproduit. »

Roger : « Moi je suis allé à l'école avec Mademoiselle Colomb, j'y suis resté deux ans, elle était sévère mais avait soin des enfants. »

Michel : « Elle nous a tous présentés au Certificat d'Etudes et il n'y a pas eu d'échec. Moi je n'étais pas passionné par l'école ! Il y avait pourtant des matières que j'aimais bien comme l'histoire et la lecture. Ma femme qui était beaucoup plus jeune que moi n'arrivait pas à faire les divisions, alors c'est moi qui les lui faisais. C'était une classe unique alors les plus grands aidaient les plus petits. »

Claudette : « Moi, c'était les analyses que j'aimais bien, alors quand il était en retenue, ce que l'un ne savait pas faire l'autre lui faisait… »

Michel : « Il y avait aussi les fractions que j'aimais bien faire et les rédactions. »

Roger : « Moi j'aimais bien les rédactions. »

Michel : « Et on allait au catéchisme aux Moussières le dimanche, et on avait aussi des leçons chez Madame Barbe qui habitait à un kilomètre d'ici le jeudi ! On n'apprenait déjà pas trop bien à l'école et il fallait accumuler leçons d'école et de caté ! Le dimanche matin il fallait être aux Moussières à huit heures trente, ça faisait trois kilomètres en traversant la montagne ! »

Claudette : « Nous on était à quatre kilomètres cinq cents et au retour du catéchisme on ramenait les commissions, c'était des fois très lourd ! On allait à ski, de tout l'hiver c'était l'école à ski, le caté à ski, c'était rien quand tout allait bien, mais quand il neigeait et que ça brassait, c'était dur ! On a eu des hivers jusqu'à un mètre cinquante de neige ! On n'avait pas d'autres moyens de locomotion, heureusement on était endurci.

» Les skis, c'était Marcel Barbe qui les faisait pour Bellecombe, ils étaient en *fayard* et n'avaient pas d'arête de quart, c'est venu après ; on les achetait chez Bonneville à La Pesse. Quand on était gamin, il n'y avait que la rainure du milieu, on les fartait à la cire d'abeille, mais ça reculait plus que ça n'avançait, on a aussi utilisé de la bougie et puis de la paraffine. La Jeanine Moneret me disait : « Si tu me donnes de la paraffine, je te donnerai des noisettes… » C'était du troc. Elle devait avoir des noisettes de ses parents de St Claude, parce qu'ici on n'en avait pas.

» Les bâtons étaient en bois avec une rondelle au bout, une lanière au poignet. Après, on a eu les bâtons en bambou, c'était plus léger, et en fin d'école en duralumin. Les bâtons en bambou on en cassait beaucoup, parce qu'on était un peu casse-cou, quand on tombait ils se cassaient dans le sens de la longueur.

» Les montures se bouclaient à l'arrière. C'étaient les montures forestières ou balata. Le balata c'était une partie de toile qui tenait tout le talon et qui était actionnée par une charnière de fer, un genre de tube pour libérer le pied quand on marchait. Moi j'ai plutôt skié avec la forestière, le dernier que j'ai vu skier avec le balata c'est Cyrille Verchère. Il venait le soir et rentrait chez lui, avec ses skis en balata, le bâton dans une main et la lanterne dans l'autre ! »

Claudette : « L'automne, on allait en champ avec les pèlerines et notre tricot pour faire les chaussettes. »

Michel : « On avait des champs très délimités avec les quatre côtés à surveiller, c'était pas toujours drôle quand il faisait froid en octobre, mais moi j'aimais bien parce que ça évitait d'aller à l'école ! Et puis s'il faisait bon je prenais un livre… »

Roger : « On allait jusqu'au 15 novembre, c'était quand même astreignant. »

Michel : « Chaque ferme avait une dizaine de bêtes et on s'arrangeait pour ne pas être les uns à côté des autres. Certaines vaches restaient bien dans leur coin, mais il y en avait toujours qui voulaient aller au rabais. Le père nous disait : « Dis donc, comment tu as veillé les vaches ? » C'est qu'on n'avait pas de chien.

» On ne faisait pas de regain, c'étaient les vaches qui pâturaient. On ne fauchait qu'une fois vers le 14 juillet pour finir fin août. Ici on labourait les prés, on semait de l'orge la première année et de la graine de foin après. On appelait ça le champ frais. Quand le foin versait, les vieux disaient : « La *tape* est versée, qu'est-ce qu'on va s'en voir pour la faucher ! L'hiver ils menaient le fumier avec un petit traîneau qu'ils tiraient eux-mêmes. Ils partaient avec ça l'hiver, ils faisaient des trous de plus d'un mètre dans la neige, ils mettaient trois traîneaux par trou, les espaçaient de cinq mètres et au printemps quand c'était le moment d'aller semer l'orge, ils lançaient le fumier et l'épandaient au trident. »

Claudette : « D'avoir fait le trou, ça faisait fondre la neige plus vite, et au fur et à mesure qu'elle fondait, ils bêchaient et semaient. »

Michel : « Etant gosse, je faisais les trous. Après c'est venu le bœuf, il tirait le traîneau avec une caisse d'un demi mètre cube. Quand il y avait plus d'un mètre de neige, que le soleil la fondait, le chemin se creusait et d'un seul coup, pof, le devant du traîneau basculait avec la caisse, il fallait tout recharger ! Après on a eu le cheval, quand on allait aux Pièces, que c'était encore gelé ça allait mieux, mais il fallait faire les trous. Les gamins on ne les faisait pas, c'était trop dur ! »

Claudette : « Nous l'été pendant les vacances on s'aidait aux foins, avec les petits râteaux et on allait chercher la boisson à la maison. Il fallait traîner les sacs de bouteilles de Lithinée, une eau gazeuse qu'on préparait avec les sachets de « Lithinée du Docteur Gustin », qu'on achetait en pharmacie. »

Michel : « Ils cachaient les bouteilles dans un cuchon de foin et nous les gamins on tâchait toujours de se faufiler pour aller boire un coup… Il arrivait qu'à quatre heures il n'y avait plus rien ! Je me rappelle à la saison des foins, il y avait des gars qui venaient du Pays de Gex pour faucher, ils arrivaient avec la faux pliée dans un sac. Ils sc rassemblaient sur le pont de Mijoux et on allait choisir ses faucheurs, il y en avait souvent deux par maison. »

Claudette : « Chez nous, on avait une propriété de cinquante hectares, ils ont eu été treize à la faux ! Il fallait leur porter à boire, on avait les bouteilles de vin et de Lithinée, on se faisait toujours disputer parce qu'on mettait trop de temps. »

✶

Et après :

Claudette : « J'aurais aimé continuer mes études, mais mon père est décédé et la maman restait seule à la ferme avec un autre frère et j'étais la dernière. Alors, je suis restée. J'aurais voulu travailler dans les Postes. J'ai quand même regretté ! Je me suis mariée à dix-huit ans et demi et j'ai fait le secrétariat de la commune pendant quarante-deux ans. J'ai bien aimé. »

Michel : « Moi, j'avais un oncle entrepreneur de maçonnerie et j'allais travailler avec lui par moment et faire aussi du bûcheronnage. Il fallait faire autre chose que les vaches ! »

Roger : « J'avais une tante qui habitait Lyon, elle m'avait promis qu'elle m'emmènerait pour me faire instruire. J'aurais voulu être instituteur. Mais la guerre est arrivée et elle est revenue chez ses parents.

» On peut pas regretter, c'est la destinée, on ne sait pas si cela aurait été mieux. »

Michel : « On ne sait pas ce que la vie nous aurait réservé… »

Claudette : « On n'aurait pas eu la même qualité de vie… »

Claudette au milieu des vaches (2006).

A l'école des chasseurs

Dans « Le Pain de la Terre », j'avais écrit longuement sur Cyrille Verchère, qui habitait seul à la Loge, une maison isolée au-dessus de Lélex, à la limite de Bellecombe. Il était le plus proche voisin de la ferme des Humberts, où habitaient les parents de Michel Gros. « Cyrille était un chasseur formidable » disent encore les gens qui l'ont bien connu, n'hésitant pas à faire des kilomètres dans la neige pour suivre les traces d'une martre ou attendre une journée entière étendu par terre, fusil au poing, la sortie d'une gélinotte, cachée dans un tronc d'arbre !

Michel ne pouvait trouver meilleur initiateur !

Louis Bussod, un chasseur chevronné.

Cyrille Verchère qui allait à la chasse et braconnait, qui tirait les lièvres aussi bien la nuit que le jour venait discuter avec mon grand-père et mon oncle. Ils parlaient de chasse et de braconnage et moi j'étais là qui écoutais. Ah, je retenais mieux ça que les leçons d'école !

L'histoire qui m'avait marqué, j'avais peut-être neuf ou dix ans, c'est celle que racontait mon oncle Louis Bussod qui chassait avec son voisin le père Mathieu. Ils allaient tout le temps les deux, l'un faisait le chien, l'autre avait le fusil.

Ils avaient vu un lièvre dans une *concière*, mais ils en avaient déjà tué trois de la matinée :

- Tiens, il y en a encore un là-bas…

- C'est bon, il faut pas faire trop de bruit avec nos fusils !

- On va aller le prendre comme ça…

Mon oncle Louis qui portait la blouse comme dans le temps dit : « S'il sort je le choppe avec ma blouse… » Alors il s'est approché du trou et il a pris le lièvre en pleine figure ! Ils ont fait tous les deux un roulé-boulé dans la côte et ils n'ont pas revu le lièvre !!! Ah, celle-là, je l'ai retenue !

Je ne me rappelle pas de tout ce qu'ils racontaient, mais étant gosse je venais les écouter, puis ça restait. Je disais toujours : « Qu'est-ce que j'aimerais pouvoir aller avec eux ! » Oh, ça n'a pas traîné : « On va te prendre pour faire le chien. »

Alors, après je partais avec mon oncle et Cyrille, ils me prenaient pour aller débusquer le lièvre. Ils se postaient à cinquante ou cent mètres de l'endroit où se cachait le lièvre. Moi j'allais à ski, pour le faire partir, voilà comment j'ai commencé. Ils me disaient : « Tu arrives, le trou est là, faut pas aller en face, il faut faire le tour, puis faire du bruit pour le faire partir… » Le lièvre partait dans la direction d'un chasseur ou d'un autre, parfois ils le manquaient !!! Mais il y en avait tellement de lièvres !

J'allais à ski et je tapais les deux cannes l'une contre l'autre… Le lièvre était parfois à un mètre de profondeur, il faisait son trou à l'horizontale, dans une *concière* et il s'exposait toujours à l'abri de l'air, jamais au Nord ni au Sud. Il se mettait à l'abri du vent quand il faisait des grosses neigées.

Il pouvait rester deux ou trois jours sans bouger en attendant que le beau temps revienne, quand la neige était poudreuse, pas tassée, le lièvre ne pouvait pas aller bien loin, il ne cherchait pas à courir. S'il ressortait pour manger un coup, il n'allait pas loin, peut-être à cinquante mètres, mais il ne revenait pas dans son trou, il en refaisait un autre.

Les animaux, il ne leur manque que la parole !

Ils m'expliquaient tout ça, les vieux chasseurs, et je retenais tout. Mais quand il y avait des choses qu'ils ne voulaient pas qu'on sache, et qu'ils discutaient avec les parents, ils nous disaient : « Faut aller vous coucher, les gamins ! » Ou bien alors ils parlaient patois et nous regardaient avec un sourire narquois… Comme ça ne nous intéressait plus, on allait se coucher. Mais sinon j'écoutais tout ce qu'ils disaient, c'était très intéressant et je me disais : « Quand j'aurai deux ou trois ans de plus je ferai comme eux. »

Et puis il y avait aussi l'instituteur, Monsieur Benoît, pour nous initier ; lui c'était un braconnier à cent pour cent ! Il avait une carabine qui faisait vingt-deux millimètres, ça ne faisait pas de bruit. Il plaçait les collets et puis quand on revenait à l'école l'après-midi, suivant où il se trouvait, il nous appelait : « Viens voir faire partir le lièvre ! » C'était un fin tireur. Il en a mangé du lièvre ! Il prenait son lait chez le voisin. Un coup il avait pris un gros lièvre au lacet, il a dit au fermier : « Vous me le mettez à la cave, je reviendrai dans deux ou trois jours pour l'ouvrir. » Les jours passaient et il ne revenait pas. Le fermier pensait : « Il a complètement oublié son lièvre… »

Au bout d'une semaine, il est venu le chercher, il était tout gonflé, il a emmené son lièvre avec la peau qui tombait toute seule et il l'a fait cuire et l'a mangé. Quand on était à l'école, ça sentait… ça sentait, c'était affreux ! Quand il avait des bécasses il les accrochait à une poutre de la salle de classe et quand elles tombaient il les mangeait. Il ne mangeait que de la viande faisandée !

Voilà comment j'ai été initié à la chasse ! J'ai pris le fusil à dix-sept ou dix-huit ans, c'était celui de mon grand-père. Ça n'allait pas tout seul, je manquais le lièvre, le Cyrille se fâchait : « Tu ne feras jamais un chasseur mon vieux ! » Les premières cartouches que je tirais partaient toujours à côté jusqu'au jour où j'ai pu arriver à tuer un lièvre ! Ah, Cyrille était content !

J'ai pris mon premier permis de chasse à vingt-quatre ans, quand j'ai pu m'acheter mon premier fusil. Actuellement je fais partie de la Société de chasse de Bellecombe.

Cyrille Verchère devant sa maison (1981).

Une fille de la neige

Georgette Grosléziat, qui ne connaît pas « la Georgette » à Lélex ! Elle a passé sa vie dans ses montagnes, elle a brassé la neige durant toute son enfance pour aller à l'école. Et traversé la ligne de démarcation durant l'occupation, la maison étant située de l'autre côté de la Valserine sur la commune des Molunes.

La luge, le ski, les cabanes de neige et tout ce qui faisait le bonheur et les angoisses de l'hiver, Georgette nous le raconte.

Je suis née à Lélex, en 1934, à la Jeanine, une maison située sur la commune des Molunes puisqu'elle est de l'autre côté de la Valserine. Et je suis allée à l'école des Sept-Fontaines qui fait partie de la commune de Mijoux. C'était une petite école, mais on y a été jusqu'à vingt-trois gamins et comme on était tous plus ou moins éloignés, il y avait une cantine. On était bien dix-sept à manger là, quand j'ai commencé.

Avec la Gilberte des Grandes Gouilles on avait quatre kilomètres pour venir à l'école, elle était la plus éloignée du côté d'en haut et moi la plus éloignée du côté d'en bas.

La cantine était tenue par Juliette, la tante à la Ginette Grospiron. Elle nous faisait de la soupe, un bon légume et nous on apportait notre pomme dans notre poche pour le dessert. Si un jour on était moins nombreux, elle nous faisait de la purée. Les communes des Molunes et de Mijoux participaient aux frais et les parents achetaient les pommes de terre à Chézery ou au Pays de Gex.

J'ai commencé l'école en 1939, c'était le début de la guerre et je me souviens quand il y avait une alerte, que les avions passaient on devait descendre à la cave, c'était un ordre de l'Education Nationale. Il fallait apporter un vêtement pour ne pas avoir froid. Après on n'osait pas s'en retourner toute seule, c'étaient les grandes filles, dont la Gilberte de la scierie qui nous accompagnaient. Si des avions passaient on se mettait à plat ventre à côté des murs sur le bord du chemin. Quand les Allemands sont arrivés, ils avaient dressé un gros chevalet entouré de fils de fer barbelés pour interdire le passage sur le pont de la Valserine. Mais il fallait bien qu'on rentre ! La maman à la Gilberte de la scierie avait intercédé pour nous auprès des Allemands pour qu'ils nous laissent passer. Je me souviens toujours de l'Allemand qui avait enjambé en dehors du pont pour aller écarter les fils de fer barbelés et faire notre passage. Par la suite on a eu souvent notre musette (c'était notre cartable) fouillée pour savoir si on passait des lettres.

J'allais toujours seule à l'école, et quand il y avait beaucoup de neige, mon père faisait la passée devant avec les raquettes. Après j'avais des skis en frêne avec des carres faits par l'Antoine Dumont de Mijoux. Avec les skis, on « coupait au droit » depuis l'école pour venir jusqu'à la scierie. Mon premier costume de ski avait été fait par une couturière de Lélex, dans un vieux pantalon et une vieille veste que ma maman avait en réserve dans un sac. Ça datait peut-être des grands-parents, va savoir ! On skiait avec nos galoches ; le bout du pied était dans un étrier en fer avec une courroie qui passait derrière le talon, maintenue par un tendeur. Quand je descendais dans la pente pour arriver au pont, il fallait mettre les bâtons entre les jambes pour ne pas aller trop vite. Et il fallait de la poigne dans les mains pour remonter le talus au bord de la route ! Les autres filles n'avaient pas besoin de skis pour aller à l'école, elles n'avaient que des luges. La première année que j'allais à l'école, j'ai dû manquer quand il y avait trop de neige, je me souviens avoir fait un cahier de devoirs à la maison, ma maman me mettait toujours une lignée de dessins à colorier dans le bas. Et puis j'ai manqué aussi quand j'ai eu la varicelle. C'était l'hiver et je ne suis pas allée à l'école durant tout le mois de février, mais c'était pour ne pas que les autres l'attrapent.

On avait une maîtresse qui nous faisait faire de beaux arbres de Noël à la salle des fêtes de Mijoux. On avait dansé la ronde de « La poêle à frire ». Madame Regard du Bief Bruyant jouait du piano. Les plus grands avaient fait « Le Chevalier Bayard sans peur et sans reproche ». Un gamin était debout, un autre à l'horizontale, recouverts d'une couverture grise pour faire le cheval, il y avait des demoiselles d'honneur avec de belles robes vertes tout autour. L'Urbain Duraffour qui était menuisier avait fait des épées que les garçons avaient peintes de couleur argentée. Ils avaient aussi joué « Le savetier et le financier ». Il n'y avait pas de voiture à l'époque et c'était le mulet de la Pécharde ou celui d'Arsène Pascal qui nous emmenait avec le traîneau pour les répétitions. On rentrait tard le soir et je m'en allais toute seule depuis les Sept-Fontaines, au clair de lune avec mes skis, la neige scintillait, c'était super beau !

On avait beaucoup de neige pendant la guerre et on s'amusait à l'école à faire des cabanes avec. Comme ça gelait pendant plus d'un mois, elles duraient longtemps.

A quatorze ans, je suis allée au Certificat d'Etudes à Gex. Je l'avais loupé parce qu'ils s'étaient trompés dans une donnée du problème. Je n'avais pas eu le nombre de points nécessaires, et je l'ai repassé à Bellegarde, la même année. C'était le certificat des villes plus difficile que celui des campagnes et comme j'avais été inscrite la dernière, j'étais la dernière des reçues de la liste.

Après j'ai fait trois ans d'école ménagère à l'école supérieure de St Claude. C'était dur car il y avait pas mal d'enseignement général et je n'avais pas le niveau de celles qui avaient fait une sixième. J'étais pensionnaire et ne revenais qu'aux vacances.

J'ai eu ce privilège d'être plus instruite, après je suis revenue à la maison et il n'était pas question de partir, j'étais fille unique et je devais aider mes parents. Alors je suis allée traire les vaches, faucher avec la moto-faucheuse, faire le bois, bêcher au *fe-sou*. Après la guerre c'était encore un peu les restrictions et il fallait mettre grand de pommes de terre. On avait deux messieurs des Molunes qui venaient nous aider pour les foins et en échange on leur donnait des pommes de terre.

Moi, j'allais déjà à l'écurie depuis toute petite pour bricoler, c'était ma mère et mon père qui *traisaient* et moi j'ai commencé à quatorze ans. On avait une vache qui ne se laissait traire que par ma maman. Si je devais la traire, « tin, tin » pour m'asseoir ! Elle me jetait des coups de pied. Je n'y arrivais qu'avec une casserole et avec bien des difficultés. On avait sept à huit vaches, dans deux écuries. De quoi *peller* pour sortir le fumier quand il fallait dégager la neige l'hiver ! Les années où on avait beaucoup de neige, on était obligé de faire une entaille dans la neige tombée du toit, elle bouchait les fenêtres à moitié ! Il fallait faire attention vers les quatre à cinq heures du soir, au moment où ça regelait, si la neige partait, c'était de toute la grandeur du toit !

On n'avait pas d'attelage, pour labourer c'était le cheval de la Gentille ou celui de la Rose qui venait. Pour faner, on rentrait le foin à fagot ou dans des *fleuriers*. Moi, j'ai porté les fagots de foin et aussi les *fleuriers*.

On allait faner à la Petite Pralouze, avec ma maman on montait le dîner. Le foin était rentré dans la partie de cette maison qui était encore abritée et mon père allait le chercher l'hiver quand la neige portait bien, avec le traîneau. On était trois à faire les foins là-haut : le Maxime Grosfilley et les Jacquet.

Je me souviens de cette vache coquine qui traversait la rivière pour aller manger dans le pâturage de la Gentille. On ne trouvait pas de crampillons pour barrer, alors mon père avait mis des fils de fer barbelés de la guerre, qui étaient tout rouillés. La vache passait quand même ! Mon père m'avait fait traverser la rivière et embusquer pour voir où la vache passait. Moi, en passant, je me suis accrochée sous les barbelés et fait une écorchure sur la paupière. J'ai cru que je m'étais crevé l'œil ! Je suis remontée à la maison en pleurant, ma maman me l'a désinfecté avec de l'eau bouillie et de la Javel - on n'avait rien d'autre à l'époque – et m'a envoyée coucher. Je suis restée toute la journée au lit avec l'œil bandé. Je n'ai jamais rien ressenti par la suite.

On faisait avec ce qu'on avait dans le temps ! La vie était dure. Ma grand-mère qui habitait à La Cabuse s'était fait prendre avec un sac de farine. Ça c'était quand il y avait encore la zone. C'était par un douanier qui voulait monter en grade. Il l'avait emmenée au poste de Mijoux. Les autres douaniers n'étaient pas contents parce qu'elle était veuve et avait six gamins à nourrir. Alors, ils ont pris le sac de farine et l'ont porté à sa maison !

*

Moi, j'aurais bien aimé continuer des études et travailler dans un laboratoire. J'ai appris à faire les piqûres jusqu'à ce qu'il y ait un médecin dans la vallée, et puis après j'ai travaillé du lapidaire et aux remontées mécaniques ; je donnais aussi un coup de main dans les hôtels pendant la saison. L'été je fais mon jardin et je vais dans la montagne chercher les plantes pour faire des tisanes.

Vivre en famille

Autrefois on vivait en famille, deux ou trois générations ensemble. Les enfants étaient élevés, non seulement par les parents, mais aussi par les grands-parents, parfois même par une tante ou un oncle. C'était le clan familial.

Le père – quand ce n'était pas encore le grand-père – gouvernait la ferme, la grand-mère la maison. Chacun avait son rôle, celui des anciens était valorisé par l'expérience, celui des hommes par le pouvoir qui leur était attribué en tant que chef de famille. La femme était là pour servir les uns et les autres et pour enfanter.

Voilà la vie de famille d'autrefois où ont été élevés la plupart des enfants nés dans la première moitié du vingtième siècle.

Yvette Giriens a vécu pleinement ces réalités familiales et nous les raconte.

Je suis née à Challex en 1945, à la clinique de Madame Arandelle. Mes parents étaient à la ferme de Gremaz à ce moment-là. J'avais huit mois quand ils sont venus à Greny. On était cinq filles et un garçon, je suis l'aînée de la famille.

Mes grands-parents paternels étaient Vaudois, mais mon père était né dans le Canton de Genève et il s'est toujours considéré comme Français même s'il a été élevé à la mode vaudoise.

On avait une trentaine de bêtes, dont vingt vaches laitières, ce qui était pour l'époque un grand troupeau. Mais il y avait du monde pour travailler. Pierre, le frère de mon père, travaillait dans les champs, c'était lui qui conduisait le tracteur et réparait les machines agricoles. Malheureusement, il est mort tragiquement dans un accident de moto, en 1957. A partir de ce moment-là, avec ma sœur Danièle, on allait aider mon père à l'écurie : donner à manger, préparer la *lèche*. J'allais aussi conduire le tracteur ou mener le cheval pour les fenaisons. Quand l'orage s'annonçait et que la moissonneuse-lieuse venait de passer, il fallait vite aller mettre en *moillettes*.

A la maison, la vie était organisée et régie à la mode suisse par ma grand-mère et chacun avait un travail précis. Le grand-père et mon père s'occupaient des vaches et assuraient la traite. L'oncle – un frère de ma grand-mère – cultivait le jardin et en récoltait les légumes ; c'était son travail à lui, on n'avait pas le droit d'y toucher. Ma grand-mère s'occupait du poulailler. Mais attention, tout ce dont elle s'occupait, il ne fallait pas venir y mettre son nez !

Ma grand-mère menait toute la maison. C'était une femme austère, toujours bien habillée. Ma mère s'occupait des enfants. Je me souviens qu'elle se levait de grand matin et je pense que quelque part elle a fait la « bonne » parce que tout était réglé comme du papier à musique. Et puis elle était la belle-fille !

On habitait la maison forte qu'on appelle le château, une grande maison avec une quinzaine de pièces très hautes. L'hiver, on ne chauffait que la cuisine.

Le gros problème, c'est qu'on n'avait pas l'eau ! Elle n'a été installée à Greny qu'en 1968. Alors c'était toute une organisation pour aller chercher l'eau. En rentrant de la *fruitière*, on lavait les boilles à la borne-fontaine et on les remplissait d'eau. C'étaient des boilles de quarante litres qu'on transportait sur un chariot.

Comme on était une grande famille, il nous fallait beaucoup d'eau. Quand j'étais plus grande gamine et que j'avais envie de voir autre chose, je me débrouillais pour aller chercher de l'eau quand les autres femmes du village et les hommes du quartier y allaient aussi : « Tu as envie de voir du monde, hop, tu vas vite à l'eau ! » La borne-fontaine était un lieu de rencontres. La fontaine, c'était pour faire boire les bêtes, on y faisait trois voyages avec les vaches parce qu'on avait trois écuries. La borne-fontaine, c'est là que les femmes se rencontraient pour rincer le linge ou laver les boilles. On y faisait souvent la queue et c'était ça l'intérêt, parce qu'on pouvait discuter. Mais ça, c'était dans le quartier du château.

Ma mère ne me laissait pas trop aller dans le village : on était Suisses, puis protestants et une ribambelle de gamines, un peu garçons manqués. Et une famille qui se suffisait à elle-même. Heureusement il y avait la borne-fontaine qui me donnait l'occasion de rencontrer les autres personnes du village.

Ma grand-mère avait fait placer une bouilloire contre le foyer de la cuisinière à bois pour chauffer une grande quantité d'eau, pour le samedi, jour du bain. En plus, il y avait de grandes marmites sur la cuisinière ! On plaçait la baignoire en fer étamé dans la cuisine et la tournée commençait, avec les plus jeunes d'abord. Un tabouret avec une cuvette d'eau était placé à côté de la baignoire. On était assis dedans, on se savonnait le visage et ma mère vidait la cuvette et remettait de l'eau propre pour rincer le gant. Puis on savonnait le bas. On faisait ça en rentrant de l'école, après avoir goûté. Après le bain des enfants, on changeait l'eau et tout de suite après le souper, c'était le tour de mes parents, ensuite de mes grands-parents. On était dix à passer dans la baignoire et c'était réglé : à telle heure ça commençait, à telle heure c'était terminé !

La lessive se faisait dans une pièce appelée le four à pain. Alors, là les voyages d'eau !!! On avait une machine à laver semi-automatique avec une grande cuve et une essoreuse. On rinçait à la fontaine l'été et l'hiver dans des bassines. Là aussi c'était toute une organisation car il fallait garder le *lissu* du blanc, on lavait la couleur et on gardait l'eau de rinçage pour laver les sols. La maison était grande et avait toujours des bassines d'eau en réserve. Il nous fallait aussi beaucoup d'eau pour laver les légumes et la dernière eau était pour les W-C qui étaient à l'intérieur.

Avec cette histoire de bouilloire d'eau sur la cuisinière, ma grand-mère ne supportait pas qu'il y ait une goutte d'eau par terre parce qu'il fallait nettoyer ! On lavait le sol le mercredi et le samedi, c'était pas la peine de le laver tous les jours ! Toute cette organisation, c'était pour limiter le travail.

On lavait moins souvent le linge qu'aujourd'hui, mais comme on était sept femmes et qu'on changeait chaque jour de culotte, ça en faisait pas mal ! Ma mère avait une technique d'étendage pour ne pas les mettre en évidence. Elle mettait les draps du côté de la rue, au milieu les culottes et encore des draps de l'autre côté. (Une fois j'avais surpris un ouvrier qui était venu compter les culottes ! Ça m'avait beaucoup choquée !).

Tous les repas étaient organisés et prévus à l'avance. Le lundi, jour de lessive, c'était un repas vite fait. De toute façon, on avait chaque jour un panier de pommes de terre à éplucher. La mesure était le panier plat ovale. La semaine, on mangeait du lard, du saucisson, et le dimanche c'était le rôti de porc ou la volaille. De temps en temps, on achetait un morceau de bouilli à Prost de Collonges ou Perrier de Challex qui passaient à Greny.

On allait à l'école à Challex en vélo depuis que j'étais toute petite. On était toute une *cotterie*, avec les trois filles Graziotti, une

Yvette Giriens et sa petite sœur Danièle (1953)

de chez Fusier et nous quatre ! L'hiver quand il y avait de la neige on allait à pied, c'était intéressant quand il y avait beaucoup de neige sur la route parce qu'il n'y avait presque pas de voitures et qu'on pouvait s'amuser. On descendait La Craz sur nos sacs d'école qui servaient de luge. Nos ardoises étaient souvent cassées ! On rentrait presque à la nuit et on se faisait gronder par nos parents. L'hiver, on restait à l'école à midi et la maîtresse faisait réchauffer notre bidon. L'été, on s'arrêtait pour boire l'eau qui courait dans les ruisseaux. Tout d'un coup on entendait ma mère crier, alors on se dépêchait de rentrer. Avant d'aller à l'école le matin, on devait faire notre lit, secouer la descente de lit et remplir la caisse à bois, parfois même faire un voyage d'eau.

Dès l'âge de six ans, on avait déjà un vélo mais il était interdit de jouer avec à la maison, il n'était que pour l'école. Comme on était cinq, mon père avait déjà assez à faire pour les réparer, parce qu'ils n'étaient pas neufs. Le mien était un vélo de cirque avec des pneus plats. Il paraît que la première fois que je suis montée dessus, je ne savais pas comment m'arrêter, alors je suis allée dans un tas de gravier ! Pour aller à l'école ils m'avaient mis des pneus normaux et des freins.

Si on était surpris par la pluie en revenant de l'école, on voyait arriver mon père de loin, avec des pèlerines. L'hiver, elles étaient en laine et tenaient chaud. A l'école, on préparait des petites pièces de théâtre, des ballets pour la fête de Noël. C'est des souvenirs extraordinaires ! On avait appris les « Lavandières du Portugal », on préparait des chants et des poésies pour le « Sapin de Noël » de l'église protestante qui avait lieu dans une famille. Quand il y avait beaucoup de neige mon père nous y emmenait en traîneau. Il mettait les grelots au cheval, c'était féerique ! Ma mère venait ce jour-là et aussi ma grand-mère maternelle. On était tous sur le traîneau, dans la neige, il n'y avait pas d'autres bruits que les grelots du cheval. J'en garde un souvenir extraordinaire !

La neige je l'attendais avec impatience. Il y en avait beaucoup durant les hivers de ces années-là. Mon rêve d'enfant, c'était que la neige soit partout, sauf sur les routes ! Quand il y avait des congères, on allait se rouler dedans !

Pendant les vacances, on allait garder les vaches, qu'est-ce que j'aimais ça ! Ma mère nous faisait des tartines de beurre et de confiture qu'on trouvait bien meilleures que quand on les mangeait à la maison… On emportait un jeu de cartes, mon grand-père nous avait appris à jouer. En attendant le tour du bain, il jouait avec l'oncle et j'ai appris en les regardant. Et s'il y avait un cousin en vacances chez nous, on jouait avec. Et tout d'un coup, on entendait la voix de mon grand-père qui criait : « Les vaches se sauvent ! » Vite on posait nos cartes et nos tartines pour courir après les vaches !

Avant la rentrée scolaire, il fallait aller ramasser les pommes de terre. Quelle corvée ! Alors mon père qui allait vite venait toujours m'aider, je n'ai jamais fait une ligne entière toute seule. Oh, j'ai un souvenir de mon père ! L'été, s'il y avait un jour de pluie, il nous disait : « Allez, on va monter voir les génisses au Credo, préparez-vous… » On enfilait les chaussettes de laine, les brodequins, les pulls et on partait à la montagne. Ça, c'était une fête !

Un jour mon père nous avait emmenés avec lui, pour livrer des veaux à la douane de Chancy. On s'extasiait avec l'une de mes sœurs devant la vitrine d'un magasin où il y avait des chapeaux d'armailli. On en avait envie ! Mon père nous les a achetés, il y en avait un rouge et un bleu. On est revenu avec à la maison et on ne les a plus revus ! Il ne fallait pas dépenser inutilement disait ma mère.

Ces chapeaux, on les a très bien reconnus à la vente de la kermesse de l'église, à Farges ! C'était comme ça aussi pour les jouets. J'avais une belle poussette et une belle poupée, mais il ne fallait pas les abîmer. J'ai eu deux fois l'autorisation de les sortir. Quand je jouais à la poupée, c'était chez mon arrière-grand-mère de Sergy, avec une poupée en chiffon qu'elle m'avait fabriquée !

Avec ma grand-mère, il ne fallait pas salir, il ne fallait pas abîmer… C'était trop ! Elle ne voulait pas qu'on cueille des fleurs au bord des fossés pour en faire des bouquets, ça allait salir ! Il ne fallait pas planter des fleurs au jardin, c'était inutile. Tout ça me choquait beaucoup ! Les loisirs, c'était le culte !

Pour l'Ascension, il y avait une rencontre au Credo avec les protestants de Haute-Savoie. On jouait avec d'autres enfants. Oh, ce que j'étais contente ! Moi qui rêvais de colonies de vacances ! Les loisirs, c'était le 1er août avec la « Colonie suisse ». On rencontrait d'autres personnes, on faisait le feu, on chantait. On recevait du chocolat, l'almanach de Pestalozzi, un pédagogue qui avait fait beaucoup pour l'enfance en Suisse.

Le dimanche on allait chez ma grand-mère à Badian. Ma mère était une petite fille d'Edouard Patroix le taillandier. Pour moi c'était une fête ! Ma mère retrouvait sa mère et sa sœur. On y allait aussi en vacances. Il y avait le bief avec l'eau très fraîche, on y mettait le beurre dans un bocal, ça faisait frigo. Et on jouait avec l'eau. Avec ma tante, on dormait dans le même lit, tête-bêche, et il y avait toujours de la bagarre ! Badian, c'était une petite maison, avec un grenier où il y avait des livres, des chapeaux, des sacs pour se déguiser. C'était le rêve les vacances à Badian !

Quand on allait le dimanche, l'après-midi mon père allait au culte à St Genis. Il était très chrétien, le soir quand on allait au lit il venait nous lire un passage de la Bible, et il priait. Après on faisait les folles ! Et il venait nous donner la fessée ! On était trois dans la chambre et deux dans le même lit. On avait trouvé une astuce : camoufler l'ampoule avec une chaussette pour ne pas qu'il voie la lumière de la chambre, mais ce n'était pas la lumière qui le faisait venir, c'était le bruit !

Ma mère voulait qu'on lise et s'inquiétait toujours de savoir si on avait lu notre livre de bibliothèque de l'école. Elle suivait nos devoirs. Moi je ne lisais pas, sauf les histoires de l'Ancien Testament dans la Bible, ça m'intéressait beaucoup. On lisait peu, on était toujours dehors, on préférait les jeux et les jeux de garçon, c'est pourquoi on était un peu casse-cou !

Mon père écoutait Radio-Sottens, les informations seulement, après c'était aussi Europe N° 1 parce qu'un cousin y travaillait. C'est alors qu'on a entendu les premières publicités ! Alors on les chantait ! Et puis Dominique le fils de ce cousin de mon père est venu en vacances chez nous. Il avait quatre ans de plus que moi. Avec lui, j'ai lu les premières bandes dessinées d'Astérix, Tintin. Le soir on jouait au Monopoly jusqu'à minuit ! Alors, là, c'étaient les vacances !

Et c'est avec lui qu'on a commencé les jeux de cartes, quand il venait en champ avec nous. Et Alain, un autre cousin plus âgé que moi, nous racontait, quelques années plus tôt, des contes de

Perrault, en égrenant les petits pois ; j'avais dix ans et je ne les connaissais pas. Alain se moquait de moi, il me trouvait trop grande pour ces histoires !

Avec lui, on construisait des cabanes et comme il était plus grand on avait le droit de partir avec lui, mais si on rentrait trop tard, on n'avait plus d'assiette sur la table, seul Alain avait le droit de manger – il était le petit-fils du grand-oncle – et nous on allait au lit ! Mais le grand-père venait nous passer du chocolat par la fenêtre !

La famille Giriens. Au 1er rang de g. à dr. : Jeanine, Christiane et Paulette. Au 2e rang : Alain le cousin, Yvette, André et Ginette les cousins de Paris, la grand-mère Julia et l'oncle Marcel (1957).

*

Après le Certificat d'Etudes, j'aurais bien voulu continuer à m'instruire, mais mes parents n'en voyaient pas l'utilité. C'était en 1959, un petit frère venait de naître et les grands-parents devenaient âgés. Alors je suis restée à la ferme pour aider mes parents. Pas très longtemps, jusqu'à dix-huit ans seulement. C'est alors que j'ai épousé Hervé Perray, qui habitait de l'autre côté du village où on n'avait pas le droit d'aller !!!

Ginette

Difficile d'être l'aînée d'une famille de douze enfants, surtout quand on est une fille car on devient vite la seconde maman des frères et des sœurs…

Difficile aussi pour les parents de faire face aux besoins d'une famille nombreuse avec des revenus modestes de petits paysans, sans l'aide d'allocations familiales.

Ginette Tournier, née en 1938, nous explique tout cela avec réalisme et ce tempérament de battante qui lui a permis d'affronter la vie en toute sérénité.

On habitait à la fruitière de Fenières, un hameau de Thoiry, où on était en location. On était six filles et six garçons. On disposait d'une grande cuisine et de trois chambres : une pour les parents, une pour les garçons et une pour les filles et la grand-mère qui vivait avec nous. On couchait deux par lit. La chambre au-dessus de la laiterie était très humide et l'hiver les murs étaient tout givrés quand on se réveillait le matin. Le soir on partait se coucher avec le *carron* sous le bras ! Jusqu'à mon mariage avec Charles Pelloux, à vingt deux ans, j'ai logé comme ça parce que personne n'est parti avant moi. On était propriétaire des bâtiments de la ferme, mais on louait deux à trois terrains.

Mon père s'appelait Amédée Tournier, ma mère Denise et la grand-mère qui était la mère de ma mère, Angèle Carrel. J'avais douze ans quand j'ai commencé à m'occuper de mes frères et soeurs et de la maison, mais depuis six ou sept ans, je les gardais déjà ! A partir de dix ans, quand il y avait un petit, qu'il fallait lui donner le biberon toutes les trois heures, le changer et tout... Je l'ai fait longtemps. Quand ma mère donnait le sein, ça allait bien, elle était obligée de rentrer pour les heures de tétées. Si elle était en retard, que le bébé pleurait, je lui donnais de l'eau sucrée avec de la fleur d'oranger.

Je me levais à six heures du matin et je trouvais le panier de pommes de terre à éplucher qui m'attendait sur la table. Après, il fallait préparer les frères et sœurs pour l'école. La veille j'avais fait faire la révision des tables de multiplication et des récitations. On faisait ça en gardant les poules. On les lâchait à quatre heures et demie et il fallait les surveiller pour qu'elles n'aillent pas picorer les raisins dans la vigne à Madame Simon ou chez Monsieur Mallet. J'emmenais toujours deux ou trois de mes frères et sœurs. On s'installait dans le jeu de boules du *Cercle*. Il n'était pas utilisé et c'est là qu'on révisait. Il y avait aussi les lessives, alors pour quinze personnes on ne faisait pas tout en une journée, même si on ne se changeait pas tous les jours, c'était toujours le lundi et les draps pas toutes les semaines ! Alors le grand baquet, la brosse de risette, le savon de Marseille, faire bouillir dans la lessiveuse avec du *lissu*. Une journée pour le blanc, une journée pour la couleur. Et puis rincer à la fontaine par tous les temps. L'été, pas de problème pour faire sécher, on tendait un fil au bord du jardin. Pour l'hiver, mon père avait imaginé de monter une barrière en bois qu'on installait autour du fourneau.

Le panier de pommes de terre à éplucher chaque matin.

Au printemps, on allait en champ au Mont et on restait tard le soir. Moi je n'avais peur de rien, mais mon frère quand la nuit tombait il pleurnichait : « Je vois des ombres… Je veux m'en aller… ». Je lui disais : « Arrête de pleurer, tu as peur de quoi ? ». On allait se promener dans les bois quand c'était le moment des morilles ou des châtaignes. Les châtaignes, alors on en a mangées ! Dans le café du matin et à la resuce à la récréation.

Ma mère travaillait à la ferme avec mon père et c'est ma grand-mère qui faisait la cuisine. On avait des lapins, des poules, on plantait des pommes de terre, on cultivait le jardin. On avait le lait des vaches qu'on faisait bouillir et qu'on coupait avec de l'eau pour les biberons. On faisait notre vin, notre blé pour nourrir les poules, on engraissait un cochon que « Chicomane » venait tuer. On sacrifiait de temps en temps un mouton. C'étaient les seules viandes fraîches que l'on mangeait.

Ma grand-mère avait toute sa famille dans le Jura, des gens qui travaillaient du lapidaire. Elle ne prenait que huit jours de vacances par an pour aller les voir. Elle recevait une petite pension d'un fils qui avait été tué à la guerre et en faisait profiter toute la famille. Tout son argent était pour ses petits enfants. C'était une personne très bonne ma grand-mère ; elle nous a beaucoup aidés. Elle était très coquette et quand je me faisais un shampoing elle me tressait les cheveux, elle mettait de l'eau sucrée dessus – ça remplaçait la laque – elle faisait des papillotes avec du papier journal et je me trouvais toute frisée ! Elle nous emmenait chez Félix Chabot à Mornex pour nous faire photographier. On posait deux par deux.

Ma grand-mère nous tricotait des chaussettes avec la laine de nos moutons. La laine, il fallait la carder et la filer. On apprenait à carder chez la grand-mère Peloux et on l'envoyait filer à Annecy. On nous la renvoyait en écheveaux qu'on pelotonnait à l'aide du dévidoir. Alors ma grand-mère faisait des chaussettes et des chaussettes ! Et on n'avait jamais froid aux pieds ! Ensuite elle nous tricotait des pull-overs, même des combinaisons ; ça grattait bien un peu… Mais sinon on se serait couvert avec quoi ?

Ma mère tannait les peaux de lapin plutôt que de les vendre au *patier* pour nous faire des pantoufles. La semelle était faite avec deux ou trois épaisseurs de gros tissu qu'elle cousait avec sa machine Singer. On choisissait la couleur. On en avait une blanche et une noire ! C'étaient nos chaussures du soir que tout le monde rangeait bien avant d'aller dormir. On tirait parti de tout.

Moi, je manquais souvent l'école. Toutes les fois qu'il y avait une naissance, et les enfants se suivaient d'année en année, c'est moi qui assumait le travail de la maison quand Mademoiselle Gourgier venait faire l'accouchement. J'allais rincer le linge au lavoir vers chez Gaston Mallet.

L'hiver, pour me réchauffer les mains, je me faisais cuire un œuf dur et je me les frottais avec. Quand je manquais l'école, Madame Forestier, l'institutrice, me prenait le soir dans sa maison ; elle avait un grand tableau noir où elle écrivait ce qu'elle avait fait faire aux élèves durant la journée. Moi, je le faisais le soir. Je peux dire que ce que je sais, c'est grâce à elle ! Quand j'ai eu mon Certificat d'Etudes elle m'a dit : « Ginette, tu es l'aînée, tu pourrais avoir une bourse pour continuer tes études ». J'ai apporté des papiers à la maison… J'ai vu que les parents faisaient une drôle de tête, j'ai compris que ça ne leur convenait pas du tout, alors j'ai tout rapporté à Madame Forestier. Elle m'a dit : « Oh, ma petite, tu le regretteras ! » A l'époque, toutes les filles restaient à la ferme pour aider les parents.

Moi je n'ai jamais voulu apprendre à traire, c'est la seule chose que je n'ai pas acceptée de faire parce que j'avais des frères. Je me suis dit : « Si les garçons ne se mettent pas à traire, c'est encore la fille qui va le faire ! Et les garçons feront quoi ? ». Mais par contre j'allais coucher à l'écurie quand une vache devait vêler. L'écurie était éloignée de la maison et c'était pour nous éviter de se relever plusieurs fois dans la nuit. Alors on allait préparer notre lit : un bon tas de paille à côté de deux petits veaux qui venaient de naître et on passait la nuit là, et il n'était pas rare qu'on y passe deux nuits ! Ce qui veut dire que vous ne dormez pas tellement bien. Quand une vache fait pipi, vous en recevez plein la figure ! Et le matin il faut rentrer faire le café et puis c'est l'heure de l'école. J'allais encore à l'école que je tirais déjà les veaux avec mon père. Je savais comment une vache fait son veau et je pouvais reconnaître si les pieds étaient bien placés et même tirer toute seule !

Je participais aussi aux travaux des champs : pour les fenaisons, j'étais sur le char pour rouler les épaules, mon frère chargeait d'un côté et mon père de l'autre. Ce que j'ai trouvé de plus dur, c'est de ratisser les betteraves. On avait un champ à perte de vue ! Les betteraves servaient à préparer la *lèche* aux vaches, on les passait au *coupe-racines* le soir à la grange pour les donner le lendemain aux vaches. L'hiver, le *coupe-racines* à la grange, les betteraves au froid… On avait les mains gelées !

J'avais une bonne santé. Ce qui ne m'a pas empêchée d'attraper la rougeole et de prendre un coup de froid après en allant rincer le linge à la fontaine. Puis six mois après la rubéole, les oreillons. Chaque fois qu'une épidémie passait, tout le monde était sur le plancher ! Et on ne faisait pas venir le docteur tous les jours ! Mon père prenait la tondeuse, coupait la laine des moutons, là où elle est bien grasse, et allez, chacun son bandeau avec une serviette autour de la tête ! Voilà le médicament ! Moi, j'ai été soignée comme ça ! Mais quand mon père est tombé malade de la typhoïde, c'était une autre histoire ! Sa maladie a duré une bonne année. Quel drame ! J'avais quatorze ans. L'assistante sociale avait proposé de retirer les enfants pour ne pas qu'on attrape le virus. Oh, je la vois encore rentrer avec son manteau marron. Alors, c'est moi qui ai réagi :

- Pardon, vous voulez nous séparer ?

- Oui, vous ne vous rendez pas compte que votre père est contagieux…

- Séparer les enfants, alors ça non ! On n'ira plus à l'école, on restera à la maison, mais vous ne nous sortirez pas d'ici !

Mon père, quand il a entendu ça, sa fièvre est montée à 41 degrés ! Alors on est resté à la maison, personne ne nous a empêchés d'aller à l'école et personne d'autre n'a attrapé le virus. C'était juste le moment où ma tante d'Auvergne voulait me prendre pour me faire entrer à l'école hôtelière. Mais moi je ne voulais pas laisser ma famille. J'aimais mes parents, j'aimais mes frères et sœurs. Alors je suis allée vendanger chez Madame Prost avec ma sœur. On a coupé tout le temps sous la pluie, ma sœur a abandonné mais moi j'ai tenu jusqu'au bout ! Et à la fin je me suis dit : « Pour une fois, tu vas te faire plaisir ! ». Je suis allée au magasin de Madame Meunier, sous Saint-Jean :

- Madame, je viens m'acheter des chaussures.

- Qu'est-ce que vous voulez ?

- Des bottes, des bottes en cuir.

- Quelle est votre pointure ?

- Attendez, je vais voir si j'ai assez d'argent…

Alors, j'ai tout déposé sur la banque. Le prix que je les ai payées correspondait juste aux quinze jours de vendange sous la pluie battante. J'avais gagné mes bottes ! J'étais fière de moi ! j'avais pris le taureau par les cornes ! Avoir de belles chaussures alors qu'on avait porté des sabots durant toute l'enfance, ça faisait envie… Je me souviens de ce jeune Lyonnais arrivé tout pimpant chez des voisins avec de superbes sandales rouges. Je lui disais : « Tu as bien de la chance d'avoir des sandales, toi, nous on n'a que des sabots ! Si tu veux, je change mes sabots contre tes sandales ». Il n'a pas fait d'histoires, ce pauvre jeune ; il a décroché ses sandales et me les a données !!! On avait la même pointure. Il m'a dit : « Je ne veux pas tes sabots, je ne pourrai pas aller à Lyon avec ! ». J'ai gardé les sandales rouges et je les ai bien portées pendant deux ans pour ne les mettre que le dimanche. Oh, ces sandales rouges… !

J'ai eu la chance aussi que Mademoiselle Métral qui était toujours bien habillée, me donne ses robes. Comme j'étais plus petite qu'elle, j'allais les faire retailler chez Madame Curioni, la couturière de Thoiry. J'allais aider Mademoiselle Pinget pour la pesée du lait à la *fruitière*. Elle était très souvent malade et me prenait en remplacement.

Et j'allais aussi travailler le dimanche chez Madame Carrichon au petit restaurant des Chavannes. Tout cela me procurait un peu d'argent et je pouvais mettre des gâteries dans les sabots de mes frères et sœurs pour Noël. Dans nos sabots, le matin de Noël, on trouvait une orange et une rissole. C'est là que je n'ai plus cru au Père Noël car les rissoles je les voyais faire par ma mère la veille !

Alors, avec ce peu d'argent gagné, j'étais allée à Bellegarde acheter un gros *cornet* de bonbons, je l'avais défait et j'en avais mis une poignée dans chaque sabot. Une autre fois, j'avais trouvé sur le marché de Bellegarde un banc où tout était à un franc. Et bien j'avais tout acheté, ça m'avait fait dix francs et chacun avait eu un petit jouet dans ses sabots. Moi je n'avais jamais rien eu pour Noël sinon un sac pour aller à l'école. Monsieur Savey, qui était bourrelier à Fenières, nous avait offert à mon frère et à moi un sac en cuir. Oh, on en a eu du soin de ce sac !

Chez nous, c'était simple : pour faire une poupée on prenait un concombre, avec deux petits bâtons on faisait les bras, avec deux autres les jambes et on disait que c'était une poupée ! La seule poupée que j'ai reçue, c'est la Gilberte Rossi qui me l'avait offerte, je devais avoir douze ans. C'était une belle poupée ! Un jour, mon frère l'a prise et l'a lancée du balcon. Elle est tombée en bas à la fruitière en mille morceaux !

Je me demande si cette enfance dure ne nous a pas donné de la force pour vivre. Ceux qui ont tout au début de leur vie, qui sont nés dans de la ouate, il faut qu'ils soient toujours dans de la ouate ! Tandis qu'une enfance dure ça vous forge, ça vous donne de la force pour affronter les difficultés qui peuvent survenir dans la vie !

✶

A vingt-deux ans, j'ai épousé Charles Peloux et je suis venue habiter à Péron. Maintenant, j'ai la compensation. J'essaie de me faire plaisir avec tout ce que je n'ai pas eu durant mon enfance. J'ai appris la musique et je joue de l'accordéon. Mon mari me dit toujours : « Si ça te fait plaisir, fais-le ! »

Quand j'ai eu mes trois enfants, je me suis dit : « Je vais les éduquer et leur mettre quelque chose dans les mains pour ne pas qu'ils aient une vie comme la mienne. » J'ai trois garçons qui ont chacun un métier. Ils m'ont dit : « La mère, tout ce que tu n'as pas eu, on va essayer de te l'offrir. » Si je suis malade Jean-Pierre, qui est facteur, fait tout à la maison ; quant à Michel qui est coiffeur, il veut que je sois belle : alors, teintures, parfums, vernis, etc… Georges, qui travaille à l'ONU et aime voyager, a réussi à me faire monter dans un avion !

Elevés à la dure, mais heureux !

Odette Marullaz était arrivée à St Jean en 1953, après avoir épousé Robert Philippe, un jeune paysan de St Jean. Elle venait de Morzine, un village qui à l'époque n'avait pas la réputation qu'on lui connaît aujourd'hui. Elle n'eut pas de difficulté à s'adapter à la vie de la campagne gessienne, elle qui depuis son jeune âge avait partagé la vie rude des montagnards. Elle raconte :

Je suis née le 19 avril 1927 aux Udrezants, un hameau de Morzine, en Haute-Savoie. Mon papa s'appelait François Marullaz et ma maman Josette. On était trois enfants, deux filles et un garçon. Moi, je suis la deuxième. J'ai été baptisée trois ou quatre jours après ma naissance, comme tous les nouveaux-nés de ce temps-là. Ma marraine était la sœur de ma maman et mon parrain son mari. C'était comme ça à l'époque, on faisait tout en famille.

La famille Marullaz. De g. à dr. : Odette, Andrée sa sœur et François son frère, ses parents à l'arrière (1963)

On n'était pas riche. Mon papa était carrier et allait à sa journée. Ma maman s'occupait de nos trois vaches et de nos deux chèvres. On avait aussi quelques poules. On livrait sept à huit litres de lait à la fruitière, que je portais le soir avec ma petite boille.

On a été élevé à la dure, mais on était heureux ! Et puis costaud, jamais malade.

J'avais sept ans quand on a déménagé pour venir habiter chez ma grand-mère à Boivenant, un autre hameau situé à mille mètres d'altitude. L'été, mon papa prenait congé pour faire les foins, tout d'abord où l'on habitait et, quinze jours plus tard, à 1300 mètres où on avait un chalet de montagne. Je vois toujours ma maman portant mon petit frère de deux ans dans la hotte, ma sœur et moi derrière, puis la chèvre. Quelle galère ! On vivait là-haut pendant quinze jours. La vie y était rudimentaire, mais on était heureux. Le papa se levait à cinq heures du matin pour aller faucher et nous on lui portait le café au lait et les beignets. Et tout le monde l'aidait. On avait des petites fourches en bois, des *coinchons*, pour *désandeler*. L'après-midi, on allait tourner le foin et le soir on le mettait en *mâchons*. Le matin, il fallait *démâchonner*. Quand il était bien sec, le papa le rentrait en *portchon*. Il faisait des brassées qu'il plaçait sur une corde, il serrait bien à l'aide d'une clavette, il faisait un trou pour y mettre la tête et il le portait à la grange. On était heureux là haut, mais au bout de quinze jours on était content de redescendre parce qu'il n'y avait pas beaucoup de confort.

Je suis allée à l'école libre du village. On devait assister à la messe du matin, tous les jours, pendant une semaine par mois. On partait de bonne heure, à jeun pour communier, et on emportait notre bidon de café au lait que l'on réchauffait sur le fourneau de l'école. On ne devait rien manger depuis la veille au soir. Combien se sont évanouies ! Et se confesser, avouer par exemple de s'être mise en colère sans raison suffisante ! Et tant d'autres choses… Moi, ça m'a traumatisée tout ça. En fin de mois, Monsieur le curé venait donner le classement. C'était le chanoine Desgrange ; on en avait une de ces frousses ! Je suis allée au Certificat à douze ans, mais j'ai continué l'école jusqu'à l'âge de quatorze ans.

On habitait à un kilomètre de l'école et on y allait à pied par tous les temps. Le soir, on devait encore redescendre le lait à la fruitière, ça nous faisait bien six kilomètres de marche par jour et par tous les temps. L'hiver, on avait nos galoches, nos bas de laine, le gilet et les mitaines. Pas seulement une veste et pourtant on n'a jamais été malade. Plus tard, la maman nous confectionnait des manteaux. Elle avait appris à coudre chez la couturière du village. Mais pendant la guerre, on ne trouvait rien, alors elle filait la laine au rouet. Elles se rassemblaient entre femmes du village et discutaient tout en travaillant. Le papa n'aimait pas ça ; il disait que c'était le coin des commérages.

Le papa, il travaillait dur à la carrière, aussi pendant la guerre on lui gardait le pain et la maman nous faisait des gâteaux de pommes de terre avec des œufs et de la tomme. On aimait bien.

Pendant les grandes vacances, on allait aux myrtilles avec les copines. On partait de bonne heure le matin et on montait par les sentiers jusqu'à Avoriaz (1500 mètres d'altitude). On avait la boille pour mettre les myrtilles et le peigne pour les cueillir. On emportait un casse-croûte : deux œufs cuits dur, une boîte de sardines, trois carrés de chocolat et une bouteille de sirop. Sur le versant qui descend vers Montriond, il y en avait de ces étendues ! Quand la boille était à moitié pleine, on cassait la croûte et quand on l'avait remplie, on redescendait. On arrivait bien à faire une vingtaine de kilomètres ! Le lendemain, on faisait rouler les myrtilles sur une planche pour retenir les feuilles car le peigne ramassait autant de feuilles que de fruits, et la maman faisait de la confiture et du sirop. Le surplus, on allait le vendre à Jules Laverne. Il nous donnait quarante sous. On était heureux, on pouvait aller s'acheter des bonbons.

Au printemps, on allait au bois avec ma sœur. Le papa allait le couper à la montagne et le descendait derrière la maison. Il le sciait et ma sœur et moi on le transportait avec une brouette pour le ranger à l'abri. Le jeudi, c'était notre travail. On était heureux de lui rendre service et il nous donnait quatre sous pour les mettre dans notre tirelire. On allait aussi chez les gens remonter la terre qui descendait dans les pentes. On y allait toute une équipe de gamins avec notre petite hotte. On était des fois une dizaine. Le père chargeait les hottes et les gamins les montaient. C'était des petits champs. On faisait ça quand la terre était sèche. On était heureux de rendre service. Quand c'était chez ma grand-mère, elle nous payait la limonade.

Au mois de septembre, on allait en champs aux vaches, mais le jeudi seulement, les autres jours c'était la maman. Elle attachait les deux chèvres à un piquet pour être plus tranquille. On dit que les chèvres quand elles ne font pas le mal, elles le pensent !

A quatorze ans, j'ai quitté l'école et je suis allée avec ma sœur garder les vaches à notre chalet de montagne. C'était pour faire manger le foin récolté l'été afin que le papa en ait moins à descendre. Là-haut, on gardait aussi les chèvres du village, avec le bouc, on les redescendait le soir et nous on remontait coucher au chalet. On y restait tout le mois d'octobre et une partie du mois de novembre s'il faisait beau. En principe, on redescendait à la neige, comme ça le papa gagnait de monter chercher le foin.

Là-haut, on ne mangeait pas des biftecks tous les jours ! C'étaient des pommes de terre qu'on plantait à côté du chalet – elles sont bonnes à la montagne – et les légumes, les œufs qu'on descendait chercher chez nous. De temps en temps, un pot-au-feu. En même temps, on descendait les tommes qu'on fabriquait là-haut. On dormait sur la paille dans des lits en bois : quatre pieds et une paillasse en toile qui avait un trou au milieu pour pouvoir brasser la paille. On disait qu'on paillassait.

C'était dur, mais on était jeune ! C'est de beaux souvenirs.

Les fêtes de Noël aussi sont de beaux souvenirs. Moi, j'ai su que c'étaient nos parents qui garnissaient les souliers à l'âge de douze ans. Pourtant j'aurais dû me douter que la poire que je trouvais dans mon soulier avec l'orange venait du poirier en espalier qui était devant la maison ! Je n'étais pas très dégourdie et ma sœur qui le savait ne m'avait rien dit ! Dans nos souliers, on avait aussi une poupée en tissu que maman commandait à La Redoute. Il fallait la bourrer avec de la laine.

Moi, j'aimais les poupées. Une année, j'étais allée chez nos cousines à Genève, je devais avoir huit ans, elles m'avaient acheté un poupon, Oh, ce poupon, je le vois encore ! Mes cousines l'avaient habillé et moi je lui tricotais des vêtements. Elles m'avaient aussi emmenée au Grand-Passage et m'avaient habillée des pieds à la tête. Oh, j'en garde un souvenir extraordinaire !

Odette avec sa poupée chez les cousins de Genève (1935)

*

Après avoir quitté l'école, j'allais travailler le matin chez une institutrice et l'après-midi je suivais des cours à l'école ménagère, au chef-lieu du village. Ensuite je suis allée faire les effeuilles et les vendanges en Suisse. Et plus tard je me suis « placée » à la boulangerie Tavernier à Genève, et c'est là que j'ai rencontré Robert qui était un cousin du patron.

Si je suis seule maintenant, mon mari étant décédé, j'ai le bonheur d'être entourée de mes trois enfants et de sept petits-enfants.

Vendange dans le canton de Vaud. Odette est en haut à gauche (1945).

Faustine et ses souvenirs d'enfance

L'amour de Faustine pour son grand-père est une belle histoire qui nous rappelle cette autre belle histoire racontée par Ernest Hemingway dans « Le vieil homme et la mer ». C'est la lutte pour vivre d'un courageux pêcheur pauvre uni à un gamin par une affection profonde.

Faustine évoque elle aussi cette lutte pour la vie, dans les montagnes valdotaines où elle vit le jour et chez nous dans nos montagnes où venaient s'installer les migrants Italiens qui fuyaient le régime fasciste.

Le courage humain, l'énergie au travail, la solidarité familiale, l'amour des êtres sont la toile de fond de cet émouvant témoignage.

Je suis née en 1921 à La Salle en Val d'Aoste, dans la famille David. Mon prénom est Lucie, mais lorsque j'ai été baptisée à douze jours, le jour de l'enterrement de ma mère qui s'appelait Faustine, on m'a appelée Faustine. Et jusqu'à mon départ pour la France, à l'âge de six ans, j'étais Faustine. Du reste je le suis toujours lorsque je retourne en Val d'Aoste.

Mon père, Jean David, habitait avec ses parents à Rhêmes-Notre-Dame à 1860 mètres d'altitude. La vie y était difficile, alors il est parti travailler à Aoste et c'est là qu'il a rencontré ma mère. C'était le grand amour. Il n'avait que dix-sept ans, ma mère en avait vingt-six. Il a voulu se marier. Son père n'acceptait pas, mais avait signé quand même l'autorisation car la majorité était à vingt et un ans à l'époque.

De g. à dr. : au 1er rang : Jean David et Joseph son frère. Au 2e rang : Mariette, la grand-mère Pélagie, le grand-père Ligouri, la tante Christine. (Val d'Aoste, 1917 ou 18).

Mon père et ma mère ne sont pas allés habiter à Rhêmes-Notre-Dame car, en ce temps-là, il n'y avait ni téléphone ni route et quand on était là-haut l'hiver on ne pouvait plus redescendre à cause de la neige. Ils sont repartis à Aoste la première année de leur mariage et ensuite ont loué une ferme à La Salle. C'est un très joli petit village à mille mètres d'altitude et dans une vallée très ensoleillée. La ferme était grande et il fallait des bras pour y travailler. Mon père est allé trouver ses parents : « J'ai loué une grande ferme à La Salle, il faut venir travailler avec moi ! ». Il avait un frère d'une quinzaine d'années et une sœur de vingt ans. Ils ont accepté.

Mes parents se sont installés au mois de mai et je suis née le 3 juin. La famille devait arriver le 15 avec le troupeau.

Lorsqu'ils arrivent, ils mettent les bêtes dans un grand pré en dessous de la ferme et en rentrant dans la cour, ils se trouvent face à face avec un cercueil ! « Mon Dieu, qu'est-ce qui se passe dans cette maison ? » dit mon grand-père. Il voit arriver ses sœurs qui habitaient un village voisin. « Mais qu'est-ce qui se passe ? ». « C'est Faustine qu'on va enterrer ! Elle est morte de la fièvre puerpérale ! ». Et mon grand-père qui n'avait pas accepté ce mariage ! Il pleurait en me racontant ça lorsque j'étais toute gamine.

Ma grand-mère s'est beaucoup occupée de moi, mais quand j'étais toute petite et qu'il fallait aller travailler aux champs, on me mettait au fond d'un tonneau au milieu de la cour. Et tout le monde partait. Il y avait bien une tante, une sœur de ma grand-mère, mais elle avait une « petite araignée » dans la tête et elle ne voulait pas me garder. Quand le papa disait : « On va faire garder la petite à la tante » elle répondait : « Oh, je ne peux pas, il faut que j'aille... ». Tout cela, c'est le grand-père qui me l'a raconté. Ce grand-père que j'adorais. J'étais toujours avec lui. J'allais en champ aux vaches avec lui.

Je me rappelle bien quand je suis tombée dans la fontaine. Je devais avoir trois ans. Tout le monde travaillait au jardin et papa m'avait envoyée chercher un râteau posé à côté de l'escalier. J'ai buté avec le râteau et je suis tombée dans la fontaine ! Papa se dit : « Mais elle ne revient pas cette gamine ! » Oh, je le vois encore me sortir de la fontaine et me secouer en me tenant par les pieds ! J'aurais pu me noyer !

Mais à côté de tout cela, j'ai des souvenirs merveilleux parce que, en Val d'Aoste, tout le monde chantait. Ils chantaient en polyphonie. S'ils étaient quatre ils chantaient à quatre voix, c'était magnifique. Parfois, quand j'entends chanter les Corses et que je suis seule chez moi, je me mets à pleurer... Ils étaient tous jeunes et même s'ils avaient beaucoup de travail, ils chantaient. Les soirs d'été c'était une merveille ! L'été ils n'avaient pas les bêtes à soigner puisqu'elles étaient à la montagne, alors ils étaient là qui chantaient. Ils avaient travaillé comme des fous toute la journée, fauché à la faux, rentré le foin dans des ballots sur la tête, et le soir ils chantaient ! Les copains venaient se joindre à eux et ça faisait écho en face, dans la vallée où on entendait les mêmes chansons. Des vieilles chansons bien françaises qu'on ne sait plus, car tout le monde parlait français à l'époque et notre patois est un patois français. Les filles chantaient elles aussi. J'avais une tante qui avait une voix merveilleuse, le papa aussi, il était ténor, l'oncle baryton. Il y avait aussi le fiancé de ma tante qui avait une si belle voix. Quand ils chantaient tous les quatre, c'était une merveille ! Ils chantaient tout le temps et pourtant Dieu sait si la vie était dure ! Ça, c'est des souvenirs fantastiques que je garde de ma petite enfance.

Les hivers étaient rudes, on les passait à l'écurie pour avoir chaud. L'écurie était grande, je me souviens avoir compté dix-sept têtes de bétail, des petites vaches noires de la race d'Hérens qui faisaient la bataille des reines. L'allée était large, alors on y installait le fourneau et la table, et on y faisait la cuisine. Le soir les hommes jouaient aux cartes, à la mora, et les femmes tricotaient ou filaient. Ma grand-mère avait son rouet et ma tante aussi. Et là encore tout le monde chantait.

L'hiver on faisait le pain. Chaque famille avait son jour pour le cuire au four communal. C'était un pain de seigle que l'on gardait toute l'année et qui était conservé dans des clayettes. Les hommes le mettaient à tremper dans un grand bol de vin sucré et le mangeaient comme ça. L'hiver ils allaient au bois et c'étaient les femmes qui *traisaient*.

Je me rappelle bien de la fête du village, c'était quelque chose ! Elle avait lieu à la Saint Cassien, le 13 août je crois bien. La veille les jeunes passaient dans les maisons en portant un cerceau enrubanné pour amener des bonbons aux enfants. Ils allaient aussi chez les jeunes mariés. C'était pour ramasser quelques sous pour faire la vogue. Ils appelaient ça la « badoche ». C'étaient les jeunes de la « badoche ». Le jour de la vogue tout le monde était à la messe et allait ensuite danser sur la place de l'église.

Et ça dansait ! Toutes sortes de danses et bien sûr du folklore, au son de l'accordéon et de l'harmonica, car tous les jeunes jouaient de l'harmonica. Et Dieu sait s'ils n'avaient pas d'argent, les pauvres ! Je me souviens aussi quand on est tous tombés malade de la rougeole. Papa avait vingt-cinq ans, je le vois encore boire avec une pipette. Une vieille tante était venue nous soigner. On appelait toujours l'une ou l'autre des vieilles tantes célibataires quand on avait besoin d'aide. Il y avait Tante Baptiste, Tante Constance, Tante Virginie et cette Tante Christine, la sœur de papa, institutrice, qui avait une écriture merveilleuse ! Comme elle était douée à l'école, le maître avait dit : « Cette petite il faut la faire étudier ». Les tantes avaient payé ses études et à dix-huit ans elle était institutrice. Elle a pris sa retraite à soixante-huit ans.

Je me souviens de ce jour où grand-mère est tombée malade. Je cherchais mon grand-père. Je le trouve assis dans les escaliers de la cave, qui pleurait…

- Qu'est-ce qu'il y a, Pépé ?

- Tu sais ma petite, Mémé est bien malade, elle va mourir… Je vais rester seul…

- Mais, mon Pépé, vous ne serez pas seul puisque je suis là…

Je pense que pour un enfant de cinq ans c'était terrible de voir pleurer son grand-père. La grand-mère est morte et le grand-père n'est jamais resté seul puisque j'étais là.

Et puis un jour mon papa m'emmène dans sa chambre et me prend sur ses genoux :

« Tu sais, j'ai beaucoup de choses à te dire. Je vais me marier, tu auras une maman. Je vais te la présenter un de ces jours. Tu vas me promettre d'aimer cette maman comme si c'était la tienne. Et tu auras aussi une petite sœur, tu verras elle est jolie comme tout... Tu vas me promettre de l'aimer comme ta sœur ».

J'ai promis. Et le dimanche suivant, papa est arrivé avec maman et la petite sœur qui avait trois ans. Cette maman était très jolie et l'enfant une merveille ! Moi, j'avais l'impression d'être « un canard sauvage » à côté de cette petite fille aux cheveux blonds tout frisés. Je l'ai prise tout de suite sous « mon aile » puisque c'était ma petite sœur et que je devais m'en occuper, et je n'ai jamais été jalouse.

Et puis, un beau jour, il a fallu quitter l'Italie. Mon père ne voulait pas adhérer à Mussolini et ceux qui n'étaient pas partisans étaient arrêtés. Mon père a rejoint son cousin cuisinier chez Berliet à Lyon et il l'a aidé à chercher une ferme. Il a trouvé la ferme du Mont au-dessus de Péron où Monsieur Richaud était fermier et l'a achetée. Il est resté quelque temps pour préparer le jardin, puis est venu nous chercher. Il a vendu toutes ses bêtes, il s'est marié le 25 mai et on est parti le 27 juin. On était sept dans une camionnette : le grand-père, la vieille tante qui avait « l'araignée » dans la tête, mon père, son frère, sa sœur, maman puisqu'il s'était marié et moi ! Pas la petite sœur. Encore maintenant, on se demande pourquoi elle n'était pas venue. Je suis retournée avec maman la chercher deux ans après.

Je me demande comment on a pu tenir dans cette camionnette, ce d'autant plus qu'il y avait aussi la chaudière pour fromager, mon grand-père étant fruitier à la montagne. On emportait quelques outils. Je sais que moi j'étais au grand air et que j'ai tout vu ! On est passé par le Petit Saint-Bernard, Albertville, Annecy. Je me souviens aussi des adieux là bas… Tout le monde pleurait !

On était parti de bonne heure le matin et on est arrivé à la tombée de la nuit à Péron. Mon père était allé chercher Félix Décombaz pour nous aider à monter nos affaires. Oh, Félix se souvient de tout !

Le lendemain je suis partie avec mon grand-père faire le tour du propriétaire. Il était ravi. Maman pas du tout et ma tante encore moins ! On était trop éloigné du village, à deux kilomètres. Pour maman qui avait passé sa jeunesse à Marseille où elle était « en place » et dont le frère tenait un restaurant à Aix-en-Provence, c'était dur de se retrouver là-haut dans une ferme isolée. Ma tante attendait tous les jours une lettre de son fiancé. Je la vois encore pleurer… Je croyais que c'était parce qu'il pleuvait, mais c'était autre chose la raison de son chagrin. Elle n'a jamais reçu de lettre de son fiancé, la tante. Elle a su bien des années plus tard, quand papa est retourné dans la vallée, que la mère interceptait les lettres. Ils ont cru tous les deux que l'autre le laissait tomber ! La mère du fiancé n'était pas contente qu'il fréquente ma tante, elle avait pensé à une fille de bonne famille plus riche pour son fils. Il l'a mariée, puis s'est saoulé toute sa vie ce pauvre garçon !

Les premiers jours de notre arrivée, ils se sont mis à faire les foins malgré le temps pluvieux. Les Blanc qui fanaient à côté de nous étaient estomaqués d'entendre ces Italiens qui chantaient toute la journée. Emilien Blanc qui avait une quinzaine d'années m'a appris le français, je parlais patois. J'ai dû apprendre très vite pour pouvoir commencer l'école le p octobre. Mes parents me faisaient aussi écrire. J'ai écrit des pages et des pages. J'étais déjà allée quelques mois à l'école à La Salle où on enseignait en français (on ne parlait pas italien en Val d'Aoste à l'époque). C'est là que j'ai commencé à écrire. Quand je suis arrivée à l'école de Péron, j'ai écrit : « La France et l'Italie sont mes deux patries ». C'est ma tante qui me l'avait appris. L'instituteur brandissait mon ardoise devant toute la classe... Les autres n'avaient pas su faire un « i » et moi qui arrivait d'Italie, j'écrivais en français !

Le grand-père n'a pas voulu se contenter de la ferme, il lui fallait aussi une montagne et il a loué Pré-Bouillet qui est à mille mètres d'altitude. Il est monté la première année (c'était en 1930) avec une dizaine de vaches et une vingtaine de génisses. Je suis allée avec lui, j'avais neuf ans, et la vieille tante Marie qui avait « l'araignée » dans la tête. Mais elle se sauvait à la moindre occasion... Elle voulait repartir en Italie ! Mes parents pensaient : « Elle ne se sauvera pas puisqu'elle est avec la gamine ». Le soir quand j'étais avec elle, je lui recommandais bien de ne pas partir, mais le lendemain en me réveillant j'entendais le grand-père qui appelait : « Marie, Marie, où tu es ? ». Marie était déjà loin. Là-haut on n'avait pas de téléphone et mon père ne montait qu'une fois par semaine pour aider le grand-père à faire le beurre. Quand papa est arrivé, il y avait presque une semaine que la tante était partie. On lui dit : « La tante est redescendue ! ». Il ne l'avait pas vue et a été obligé de prévenir la gendarmerie qui ne l'a pas retrouvée. Quelques jours après on reçoit une lettre de Tante Christine : « Tante est arrivée en Val d'Aoste ». Elle avait traversé la montagne par le Petit Saint-Bernard, seule avec son chien, à soixante-dix ans. Elle est morte à quatre-vingt ans, dans son lit, elle qui ne se couchait jamais pour dormir.

Au chalet, je devais faire la soupe, balayer la pièce où le grand-père fabriquait le fromage. Il me disait : « Tu vas faire ça et ça, après tu me rejoindras, je vais en champ à tel endroit ». Oh, je le trouvais vite en entendant les sonnettes !

A midi, on mangeait la polenta avec du lait – c'était notre plat de base dans le Val d'Aoste – et le soir la soupe aux légumes. J'étais toute la journée avec le grand-père. On récitait le chapelet. On en a récité des chapelets ! Il l'avait toujours dans sa poche.

On est monté trois années de suite en Pré-Bouillet. Après, papa n'a pas voulu continuer. Il se faisait trop de soucis pour le grand-père. Il lui disait : « Ce n'est plus de votre âge… ». J'ai le souvenir d'une lettre que papa lui avait montrée où ma tante écrivait : « Tu sais, Louis Debreuil est mort au milieu de ses vaches, à soixante-quinze ans… ». Mon grand-père avait soixante-quinze ans lui aussi et j'avais très peur quand je l'appelais et qu'il ne me répondait pas tout de suite… Je craignais qu'il soit mort ! Je l'aimais tellement ce grand-père ! Il avait une telle patience avec moi. Il me racontait des histoires qui me faisaient peur la nuit : la bête de Gévaudan, les sorcières… Pas étonnant si j'étais devenue peureuse !

Une année, ce devait être la dernière où on était en Pré-Bouillet - j'avais onze ans – Monsieur Mottier de Challex quand il allait à sa montagne à Menthières, passait toujours par le Mont. Il arrive en Pré-Bouillet en disant au grand-père : « Il faut renvoyer la petite, son papa est malade et il faut aller au contrôle de zone à Saint-Jean » (c'était toujours moi qui allais). Pépé me dit : « Va rentrer les vaches et viens manger la soupe ». Après souper je lui dis :

- Pépé, demain matin, vous m'appellerez de bonne heure pour descendre ».

- Tu vas descendre tout de suite, ton papa t'attend ce soir.

C'était déjà nuit… Je lui dis :

- Je ne peux pas descendre… j'ai peur !

- Je vais t'accompagner…

Il m'a prise par la main. On est allé un petit bout ensemble et il m'a dit : « Maintenant tu descends seule. Je te connais, tu vas courir et tu entendras du bruit derrière toi. Tu t'arrêteras, tu regarderas, tu verras que c'est seulement les cailloux qui roulent. Quand tu te seras retournée quatre fois, tu verras qu'il n'y a que toi et tu n'auras plus peur. Tu connais le chemin, tu peux aller seule ».

Je suis partie… Oh, oui je me suis retournée. Grand Dieu du ciel, si j'ai dû faire vite !!! Oh, là là, dans ces sentiers de montagne ! Je ne me souviens pas si je me suis retournée quatre fois, mais j'ai couru, couru… Je suis tombée plusieurs fois et quand je suis arrivée à la maison, tout le monde était couché ! Alors, j'ai tapé, tapé à la porte. Mon père est venu ouvrir :

- Mon Dieu, c'est toi, il t'a fait descendre de nuit… C'est pas possible !

- Ben oui… Pépé a dit que je devais descendre ce soir.

Depuis ce jour-là, je n'ai plus jamais eu peur de ma vie !

J'aimais aller en champ au grand pré en bas de Pré-Bouillet. On avait une vue magnifique. Je grimpais au pylône électrique à haute tension pour voir ce qui se passait au Mont, où en étaient les foins. Pépé grondait, mais je recommençais. Des gardes passaient souvent et me recommandaient de ne pas approcher du pylône les jours d'orage.

Je me rappelle ce dimanche où toute la famille était arrivée pour manger la « fioca ». C'était de la crème fouettée avec les framboises qu'on allait cueillir à La Rasse. Quel jour de fête !

On allait deux fois par semaine voir les génisses à La Rasse. Avant de monter, pépé coupait une trique de noisetier très flexible au cas où il verrait une vipère. Je l'ai vu tuer souvent des vipères Aspic. Je le voyais tout d'un coup partir la trique en avant et clac, la vipère était morte ! Et moi, j'étais morte de peur ! Tous les jours à midi, on emmenait boire les bêtes au *goya*. Papa avait placé des barbelés tout autour pour que pépé puisse faire la sieste sans souci. Mais la génisse à Blanc se faisait la belle tous les jours ! Heureusement, elle avait une bonne sonnette qui me permettait de la retrouver. Mais elle m'a bien fait courir ! « Saleté de *modzon* ! » disait grand-père. Un jour elle est rentrée à la cuisine et a mangé la soupe dans la marmite… Et puis bousé partout ! Je ne savais pas comment la faire ressortir.

En 1933, on a laissé Pré-Bouillet et le grand-père n'est plus retourné à la montagne. On a monté nos bêtes au Gralet. On avait quelques moutons et un bélier dont j'avais une de ces peurs ! On n'a pas pu le laisser au berger qui était pourtant costaud… Il n'arrivait pas à le maîtriser. Chaque fois qu'il venait remplir un bidon d'eau à la citerne, il lui arrivait dessus… Le berger et le bidon étaient à terre. Je suis montée le chercher avec papa. On lui a bandé les yeux avec un sac pour le descendre et papa l'a vendu à Reinard.

En 1931, j'ai eu une petite sœur. J'avais déjà l'autre, la fille de ma seconde maman, et cette dernière petite sœur, je l'ai beaucoup aimée. Mon grand-père qui désirait tellement un petit garçon n'a eu que des petites filles !

C'est en 1932 que j'ai commencé à traire. C'était le jour de ma communion solennelle. Papa avait la migraine, il n'était pas venu aux vêpres et j'avais dû aider pépé à traire les vaches. Et le soir, j'ai pris la boille avec quatorze litres de lait et je suis descendue à la *fruitière* à Logras. J'avais onze ans. Plus tard, quand j'avais quinze ans, je descendais quarante-cinq litres de lait ! Je me rappelle, le commis de la *fruitière* se précipitait quand il me voyait arriver… Il disait : « Je ne sais pas comment fait cette gamine pour porter une pareille boille ! ». Et pendant la guerre je remontais trente litres de petit lait pour les cochons !

J'ai quitté l'école à douze ans, quand maman est tombée malade. L'artère fémorale avait « sauté ». je me souviens du Docteur Favre de Bellegarde qui était venu à la maison et lui avait mis des sangsues. Le lendemain, on l'a emmenée d'urgence à l'hôpital de Saint-Julien ; ils ont cru qu'elle ne passerait pas la nuit ! Le Docteur Palluel avait dit à mon père quand ils sont arrivés :

– Elle est à vous la femme qu'on vient d'amener ? »

- Oui.

- Et bien, elle est foutue !

Je revois toujours revenir mon père, désespéré. J'avais treize ans et ma petite sœur trois ans : « Non, non », disait mon père. « Ce n'est pas possible, elle ne va pas mourir ! ».

Elle est restée dix-huit jours avec plus de quarante de fièvre. Au bout de trois semaines, papa est arrivé un jour à l'hôpital avec la statue de la vierge de la guérison, Notre-Dame de Rapa, en lui disant : « Si tu guéris, l'été prochain on ira à Notre-Dame de Rapa ». Il allait tous les jours à Saint-Julien par tous les temps. Grand-père lui disait : « Tu vas prendre froid, pense que tu as deux gamines ! ». Un jour, la sœur voir arriver papa et l'appelle : « Monsieur David, votre femme est sauvée… Pour moi, c'est un miracle ! Vous demanderez au docteur ». Le docteur dit à mon père : « Vous savez, si votre femme s'en est sortie, ne dites jamais que c'est le Docteur Palluel qui l'a guérie… Je n'y pouvais rien ! Si les miracles existent, et bien, en voilà un ! ».

Elle avait commencé à être malade en février et avait été hospitalisée jusqu'en mai. Je me rappelle qu'on s'était remis au régime polenta et à la salade de dents-de-lion. C'est qu'il fallait payer l'hôpital ! Et puis toutes les vaches avaient avorté ! Quelle perte ! Maman est rentrée, mais elle est restée une année sans pouvoir rien faire. Elle était là dans sa chaise longue à côté du fourneau pour me montrer comment je devais cuisiner. Moi, j'étais toujours dehors car on avait besoin de bras et je ne suis pas retournée à l'école. Et grand-père qui avait pris une attaque l'année précédente ! Il était resté paralysé du côté gauche et personne d'autre que moi n'avait le droit de s'occuper de lui. Il avait dit à mon père : « C'est Faustine qui prendra soin de moi, tu as bien trop de travail… ». Alors j'allais l'habiller et le déshabiller, le mettre au lit. Je l'ai accompagné jusqu'au bout. Je l'entendais dire : « Pourquoi c'est ta maman qui est malade ? Moi, j'aurais bien dû partir à mon âge ».

Alors j'ai appris à tricoter, à faire la lessive, à laver le plancher et à l'écurie je *traisais*, j'étrillais les vaches. C'est depuis ce moment-là que je me suis toujours levée la première. J'allumais le feu pendant que papa allait traire les vaches et je lui préparais un œuf battu dans son café. Je préparais la petite sœur pour l'école et j'allais lever pépé. Je le trouvais en train de réciter son chapelet et on priait ensemble pour la guérison de maman.

Début décembre, mon oncle avait demandé à papa s'il pouvait me prendre quand sa femme accoucherait (il habitait Lyon). Papa avait dit oui, mais quand j'ai dit au grand-père : « Je vais aller garder la petite Thérèse pendant que Tante Olympe sera à la maternité ». Il me dit :

- Quoi ? tu vas me laisser tomber ?

- Mais papa s'occupera de vous, grand-père !

- Ah non, ce n'est pas ton papa qui s'occupera de moi, c'est toi… Si c'est comme ça, je n'ai qu'à mourir avant que tu partes…

J'étais bouleversée. Je vais trouver mon père : « Ne te casse pas la tête, on ne meurt pas sur commande ! Ne t'en fais pas, je m'occuperai du grand-père ».

Mon oncle devait venir me chercher le 17. Le grand-père est décédé le 15 ! Il est mort dans mes bras quand je le descendais dans l'escalier. Ce fut le grand chagrin de ma vie !

Après Pâques, papa a voulu que je retourne à l'école. Je n'en avais pas du tout envie, j'avais peur de ne pas pouvoir suivre. Monsieur Guillermet qui était un très bon instituteur m'encourageait : « Tu dois arriver ! ». C'est qu'à côté de l'école, il y avait le travail de la maison et la fruitière le soir !

J'ai passé mon Certificat d'Etudes le 18 juin 1935 avec la mention « Bien ». L'école était finie.

*

Malgré le dur travail de la ferme, nous avons eu mes sœurs et moi une heureuse adolescence, entourées de jeunes et charmants parents. Ma vie ne fut pas un long fleuve tranquille. J'ai beaucoup lutté et toujours positivé. J'ai eu la chance d'avoir une famille formidable : enfants, petits-enfants et arrières petits-enfants. Je passe une heureuse vieillesse.

1er rang de g. à dr. : Lili la petite sœur, Ligouri le grand-père, Virginie la demi-sœur. Au 2e rang : Elie la maman, Jean David le père, Faustine, la tante Christine (Le Mont 1933)

La petite bonne

Dans les familles nombreuses, on plaçait les enfants, souvent pour une paire de sabots, de Pâques à la Toussaint. C'était en tous cas une bouche de moins à nourrir.

L'enfant gardait les troupeaux et participait à sa mesure aux travaux de la ferme ou du ménage.

Odette, qui a vécu son enfance en Bresse, n'a pas échappé à la règle de ce temps-là.

Elle raconte comment très jeune elle prit sa part aux travaux de la ferme et assuma des responsabilités qui peuvent paraître démesurées pour une enfant de son âge.

Moi je suis née en Bresse le 14 juillet 1926 et je suis la dixième d'une famille de onze enfants : dix filles et un garçon. Mon papa aurait bien voulu que je sois un garçon pour toucher la prime. Mes parents tenaient une petite ferme. Ils avaient une dizaine de vaches, un taureau, quelques génisses, des bœufs pour labourer et un cheval. Mes sœurs partaient de la maison au fur et à mesure qu'elles quittaient l'école pour se « placer ». Il y en avait toujours une qui restait pour aider mes parents et élever les petits. Puis à dix-huit - vingt ans elles partaient soit pour se placer, soit pour se marier, et la suivante la remplaçait. De ce fait je n'ai jamais vécu avec les aînées.

Notre ferme était isolée du village et on devait faire trois kilomètres pour aller à l'école. On mangeait la soupe à l'école, préparée par la maîtresse, et on avait une tranche de pain avec un morceau de chocolat ou de la confiture pour compléter. On était nombreux à rester à midi parce qu'il y avait beaucoup de grandes familles. Certains venaient de très loin. Ils allaient coucher chez une tante et rentraient chez eux les mercredi et samedi soir. On n'était pas riche, on portait des chaussettes que maman nous tricotait. Elles étaient en laine noire, ceux qui étaient plus riches en portaient des bleu marine.

On marchait avec des sabots de bois qui avaient une lanière dessus. On ne connaissait pas les souliers. On était souvent habillé avec du linge qu'on nous donnait. C'était comme ça ! Mais par contre on mangeait bien avec les produits de la ferme et beaucoup de laitages. On tuait le cochon. Quand la maman faisait cuire le saucisson on était content ! Elle achetait de la viande le dimanche et on en gardait la moitié pour manger au milieu de la semaine. C'était partout pareil !

Quand j'ai eu sept ans, j'allais en champs aux vaches avec une de mes sœurs un peu plus grande que moi. On allait une semaine sur deux à l'école. On alternait avec deux autres de mes sœurs. On n'allait pas beaucoup à l'école et c'était bien difficile de suivre. On commençait au 11 novembre, alors que les autres avaient déjà fait deux mois d'école. Alors, la maîtresse ne s'occupait pas de nous.

Dans ces conditions, je ne pouvais pas apprendre et je n'aimais pas l'école. J'avais de la peine pour apprendre à lire parce que je confondais les B et les P, les C et les D. La maîtresse me disait : « Si tu dis dragée, je t'en donnerai une ! ». Je répondais : « Ça ne fait rien, je ne les aime pas… ». Elle m'en donnait quand même une, mais moi qui étais fière je la donnais à ma sœur ! Par contre, j'adorais le calcul et plus tard j'aidais mes enfants à chercher un problème.

A onze ans je suis partie en place pour garder une petite fille de deux ans. Mais on m'envoyait aussi travailler aux champs, et nettoyer les cochons, alors que j'étais venue pour garder la petite. Ils m'envoyaient à l'école de temps en temps. Et quand il y avait quelque chose à faire, c'était la mère qui s'occupait de l'enfant et moi qui allais travailler. Quand c'était lc moment de *dépiller* le maïs, ça se faisait à la veillée jusqu'à minuit. Un soir c'était le père qui allait endormir l'enfant et quand il revenait, il disait : « Oh, je me suis endormi ! ». Le lendemain c'était la mère et toujours la même chanson ! Moi, je n'avais pas le droit d'aller endormir la petite, je devais *dépiller* le maïs. Le frère de ma mère qui habitait à côté venait m'aider de temps en temps pour que ça aille plus vite.

J'avais onze ans et j'étais là pour garder l'enfant ! J'étais venue pour ma nourriture. Je repartais avec une paire de sabots et une petite pièce que mon père plaçait sur mon livret de Caisse d'Epargne. Chacun avait son livret et pourtant on n'était pas riche, mais ce qui était à nous nous appartenait vraiment. Je me rappelle l'année où papa m'avait donné une petite pièce pour le nouvel an en me disant : « Puisque tu es la première à me souhaiter la bonne année, je te donne un franc ». Le nouvel an, c'était la seule fois où on embrassait nos parents. Mes sœurs aînées étaient parties travailler à Lyon ; quand elles revenaient je n'aurais jamais eu l'idée de les embrasser !

Je me rappelle de la naissance de mon petit neveu. Ma sœur habitait une ferme à côté et elle était venue accoucher chez nous. En rentrant de l'école, on a rencontré la sage-femme qui nous a dit : « Je vous ai apporté un petit neveu ! » Oh, je m'en souviens comme si c'était aujourd'hui. J'avais six ans. Il était né au mois d'avril et pendant les moissons ma sœur m'avait demandé d'aller le garder. Je n'avais pas voulu aller me coucher dans un lit. Rendez-vous compte, aller se coucher l'après-midi !

C'était impensable avec l'éducation tellement stricte qu'on recevait ! J'ai dit : « Je reste comme ça ! ». Mais je me suis endormie dans l'herbe au milieu de la cour et quand ma sœur est rentrée le petit pleurait ! Alors, je m'étais faite disputer.

L'année d'après j'ai perdu une sœur de dix-huit ans qui est morte de la tuberculose, au mois de novembre 1933. A cette époque on disait qu'on mourait de la poitrine. Je me rappelle quand elle était malade couchée dans une chaise longue. Une fois elle avait demandé à l'une de mes soeurs d'aller lui chercher une cuvette pour faire sa toilette. Elle lui a refusé. Moi, j'y suis allée et pour me remercier elle m'avait donné un carré de chocolat au lait qu'une camarade lui avait apporté. Vous pensez bien qu'on n'en mangeait jamais ! J'en ai encore le goût à la bouche !

Ma sœur est morte à la maison et je me souviens bien de la sépulture. Maman nous avait fait confectionner de belles robes noires avec un liséré blanc.

Cette sœur avait été placée chez un médecin à Banyuls pour sa santé car elle était déjà malade. Mon papa était allé la rechercher parce qu'il la faisait travailler et qu'il ne la payait pas. Cette sœur était la quatrième. Elle s'appelait Yvonne. Que c'était triste ! Du reste on n'a jamais couché dans sa chambre après sa mort. Le lit y est toujours resté. Pourtant on aurait pu y dormir à deux. On n'avait que trois pièces dans la ferme, mais par contre elles étaient grandes. Dans la chambre de mes parents qui faisait aussi cuisine, il y avait des petits lits pour les plus jeunes. Au milieu de la cuisine, il y avait la grande table et la cuisinière. Et sur le côté l'horloge et les meubles. C'était la vie comme ça et on n'était pas les seuls ! On avait de bons lits avec des édredons en plumes et des couvertures de laine. Pour ça, on était bien au chaud. L'hiver il y avait le feu au milieu de la cuisine qui chauffait bien toute la pièce et le soir on veillait tout autour. C`était beau !

On apprenait nos leçons à la veillée parce qu'au retour de l'école il fallait rentrer les brassées de bois, aller tirer l'eau pour donner à boire aux vaches. On n'avait pas l'eau courante, alors on allait la chercher au puits qui était assez loin et qui servait à tout le village. On tirait l'eau avec la chaîne en tournant la manivelle et on ramenait deux seaux. S'il pleuvait, s'il neigeait ou s'il y avait du verglas, il n'y avait pas d'histoire, il fallait aller quand même !

A douze ans, j'ai été placée chez des marchands de bestiaux. C'était un couple d'une soixantaine d'années. Ils partaient à la foire de Bourg ou en Saône et Loire le matin. Je restais seule dans leur maison. Le soir ils ramenaient des cochons qu'il fallait soigner et des vaches que je devais traire. Je devais aussi faire à manger aux deux garçons qui travaillaient dans une ferme un peu plus loin. On mangeait beaucoup de légumes, des pommes de terre ; c'est moi qui devais les préparer. J'allais aussi chercher le pain à trois kilomètres, mais j'avais un vélo. Là, j'étais bien. J'étais considérée comme la fille de la maison et je savais où étaient toutes leurs affaires. Ils avaient pleine confiance en moi.

Je devais me lever tôt pour traire les vaches et une fois j'étais restée endormie. C'est les charpentiers qui travaillaient sur le toit qui m'ont réveillée. Il était neuf heures ! Je suis vite allée traire les vaches en longeant le mur pour ne pas qu'ils me voient… Je n'étais pas fière !

Le lait, on le passait à l'écrémeuse. Le petit lait était donné aux cochons et avec la crème on faisait le beurre. On fabriquait aussi des fromages blancs.

La patronne m'apportait souvent des gâteaux. Une fois elle m'avait ramené du chewing-gum. J'étais payée, mais l'argent était versé à mes parents. Je me rappelle qu'un jour elle m'avait demandé d'aller bêcher un petit coin au jardin. Je m'étais appliquée. J'avais bien bêché, bien gratté pour arranger la terre. L'après-midi, la patronne recevait des visites. Elle les emmène au jardin. Alors elle dit : « C'est la bonne qui a bêché mais elle a bien gratté comme les poules ! ». Oh, je m'en rappelle ! Moi qui m'étais tellement appliquée ! J'avais si bien râtelé la terre ! Mais malgré tout, j'étais bien. J'étais comme en famille.

L'une des petites filles de la patronne était venue en vacances après avoir été bien malade. Un jour elle me demandait du chocolat et je ne voulais pas lui en donner. Elle s'est sauvée dehors en hurlant ! Je n'arrivais pas à la faire rentrer. Elle n'avait que deux ans de moins que moi et elle était déjà plus développée, elle venait de la ville. Elle savait mieux parler… Oh, elle m'en a fait voir ! J'avais cette gamine à garder chaque fois que les grands parents s'absentaient. On confiait quand même beaucoup aux enfants ; maintenant je ne pense pas qu'on laisserait des petits à des enfants si jeunes.

Mon mari qui était le dernier d'une famille de onze enfants et dont le père était décédé, sa mère qui gagnait sa vie en faisant les lessives, avait été placé dans une famille en Dombes pour garder un bébé. Il avait cinq ans. Il était mal nourri et avait toujours faim. Qu'est-ce qu'il faisait ? Il buvait le biberon du bébé qu'il gardait ! Les parents se demandaient pourquoi l'enfant pleurait tant, ils ont surveillé et ont découvert que c'était parce qu'il avait faim…

Quand la guerre s'est déclarée, je suis repartie chez nous et au printemps suivant j'ai été dans une autre maison tout près de la nôtre, chez une dame très âgée dont le fils était handicapé. Elle avait un frère prêtre et était très pieuse. Tous les matins elle faisait ses trois kilomètres à pied pour aller à la messe. Le soir, fatiguée ou pas, on faisait la prière tous les trois à genoux sur le carrelage. Là, j'allais en champs toute la journée par n'importe quel temps.

Il y avait un taureau très méchant, je ne lui voyais jamais la queue parce qu'il marchait toujours à reculons devant moi. Et on me laissait seule avec cette bête dangereuse ! Quand il était à l'écurie et que je rentrais, il se mettait à *jarrater* ! Mais je n'en avais pas peur ! Quand il pleuvait, je ne pouvais pas avoir un parapluie parce qu'il me venait dessus, alors je m'abritais avec un sac de jute que je repliais en forme de capuchon mais c'était vite mouillé ! Quand il me venait dessus, je lui tapais sur le nez, sur les cornes, il *borlait*, il *jarratait*. Une fois mes patrons ont voulu l'emmener à la foire de Bourg pour le vendre, ils l'avaient attaché derrière un char tiré par deux vaches, ils n'ont jamais pu arriver au bout ! Ils l'ont ramené et l'ont vendu à la maison. Que j'étais contente ! Mais je suis tout de même allée en champs avec lui de Pâques à la Toussaint et tous les jours, matin et soir !

Le matin je partais vers huit heures après avoir trait cinq ou six vaches, le dimanche on mettait les bêtes dans un pré fermé. Comme ça j'avais mon dimanche et je repartais chez nous.

La plupart des enfants du village vivaient comme ça, je ne me sentais pas différente des autres.

Le dimanche on allait à la messe. Mes parents allaient à celle de huit heures et demie. Maman rapportait la viande parce que le boucher était ouvert le dimanche et en arrivant elle mettait sa viande en route pour la faire cuire tout doucement. Après elle allait se changer. C'était l'habitude dès qu'on revenait de la messe de quitter les habits du dimanche. L'après-midi on allait aux vêpres et on retrouvait les copines. Le soir je repartais chez mes patrons.

Je devais avoir seize ans quand je suis partie chez des personnes âgées pour faire le travail de la ferme : traire les vaches, les emmener au champ, atteler les vaches pour labourer… La patronne n'était pas gentille avec moi. Je me rappelle, c'était pendant la guerre, j'avais droit au chocolat mais je n'en voyais jamais ! J'avais remarqué un panier suspendu à une poutre. Je la voyais toujours aller y chercher quelque chose. Je me disais : « Qu'est-ce qu'elle peut bien cacher ? ». Un jour où elle s'était absentée je suis allée voir… Il y avait des pêches, de magnifiques pêches ! Et moi qui étais très gourmande, je n'y avais pas droit ! Elle les mangeait en cachette !

Quand il y avait quelque chose de mal, c'était toujours moi qui l'avais fait ! Une fois elle s'était cassé la jambe et avait été hospitalisée. A son retour elle m'a demandé de l'emmener voir le cochon qu'on engraissait pour le tuer. C'est moi qui préparais la soupe du cochon. « Oh, tu ne lui a pas donné à manger, il a bien maigri » m'a-t-elle dit.

Je suis restée deux ans dans cette ferme et puis je suis revenue chez mes parents. C'était mon tour de venir travailler à la maison. Toutes mes sœurs ont fait pareil. On n'a pas été plus gâtées les unes que les autres. La dernière est partie encore plus jeune que moi dans une famille de huit enfants.

*

A vingt ans, je suis retournée en « place » chez un vétérinaire où je devais tout faire : soigner et traire les vaches, distribuer les médicaments. Quelques années plus tard, j'épousai un cheminot roulant. Lorsqu'il décède en 1963, je reste seule pour élever mes cinq enfants : l'aîné a quinze ans, le dernier six mois. La réversion de la retraite de mon mari est insuffisante. On me propose la gérance de la gare de Chevry que j'assume de 1965 à la fermeture en 1986. C'est là que je vis ma retraite.

On était des petits esclaves

J'avais déjà, au cours de mes interviews, entendu des témoignages d'enfance qui m'avaient bouleversée. J'en ai transcrits quelques-uns dans mes premiers livres, ceux qu'on m'avait autorisée à publier : les petits boubes, le petit ramoneur, la petite fille pauvre. Mais lorsque Christiane m'a raconté son enfance, c'était à la limite du supportable !!!

Je m'interroge, aujourd'hui : comment des enfants ont-ils pu vivre une telle situation sans qu'aucun voisin n'alerte les services sociaux ?

Ceci se passait chez nous, au début des années quarante.

À l'âge de soixante-huit ans, Christiane, une ancienne de l'orphelinat de Ferney et qui a passé toute sa vie dans le Pays de Gex, tient à garder l'anonymat.

Ma mère était fille mère et a eu quatre enfants. Avec Hubert mon frère jumeau, on est les derniers. Je n'ai jamais connu mon père ni mes grands-parents, seulement un oncle. Ma mère, je ne l'ai vue qu'une fois, quand elle est venue dans la famille où elle nous avait placés à l'âge de deux ans parce qu'elle était malade ; elle avait contracté la tuberculose et en est morte à l'âge de trente-six ans.

On a été placé avec mon frère Hubert, soi-disant chez des amis, dans une ferme en Bresse. Il y avait une fille et un fils bien plus âgés que nous. Le père buvait et un jour il avait planté le trident dans le bras de sa femme. On était vite allé chercher du secours. Pauvre femme ! Elle essayait d'être gentille avec nous !

Là, on était des commis, des esclaves ! On dormait sur la paille au fond de l'écurie, à côté des vaches. On n'avait pas d'oreiller, on s'en faisait un avec une couverture quand on en avait une de rabiot. Des fois, il n'y faisait pas chaud ! Je me souviens qu'un jour mon frère avait pris des sacs à pommes de terre pour nous couvrir. Je ne me rappelle pas avoir dormi dans un lit avant d'être allée à l'hôpital à huit ans pour la diphtérie.

On allait se laver à la fontaine, mais en hiver la patronne nous faisait quand même rentrer.

Le matin, pendant que mon frère sortait le fumier, moi j'allais tirer la paille. Elle est tassée l'hiver. Quelle horreur ! Je la mettais sur un chariot, des fois dans des grandes toiles qu'on portait sur notre dos, moi je faisais des petits paquets et mon frère de plus gros. Personne ne venait nous aider.

Et quand j'allais en champs… quelle horreur ! Oh, c'est des choses qu'on n'oublie pas ! Je devais avoir cinq ou six ans quand j'ai commencé. Je n'y allais pas avec mon frère, j'étais toute seule, je pleurais.

Je partais vers huit heures, avec mon casse-croûte : un morceau de pain et de fromage. Mon frère venait toujours me voir entre midi et demie et une heure pour savoir comment ça allait… Lui, il avait un travail à la ferme. On se retrouvait le soir à l'écurie.

Au début j'avais peur des vaches, mais je ne les ai battues qu'une seule fois, c'est quand elles avaient mangé les jolis tricots que notre maman avait envoyés : une belle robe rose et blanche et un petit pantalon avec le haut. On les avait mis et la patronne les avait lavés et étendus dehors. Les vaches les ont mangés ! Tu sais quand tu es gamin !! Nous on tapait dessus pour qu'elles nous les rendent… C'était tellement joli ! Et notre maman tricotait si bien ! Oh, ça m'est resté !!!

En champ, je devais bien avoir une vingtaine de vaches et je trouvais que c'était beaucoup trop. Il fallait se veiller qu'elles n'aillent pas dans les jardins des voisins. On avait une vieille vache qui s'appelait Fanchon. La pauvre, elle ne pouvait plus suivre, elle était restée dans le champ. Avec mon frère on était allé la chercher pour ne pas qu'elle reste dehors. On l'avait fait rentrer et après on la laissait à l'écurie.

En champ, j'emmenais aussi un bélier qui était méchant. Un jour il m'avait attaquée, je ne sais pas pourquoi. Heureusement que mon frère était avec moi ce jour-là. Il m'avait crié : « Couche-toi et ne respire plus ! ». Je faisais la morte. Le bélier tournait autour de moi et mon frère me criait toujours : « Respire plus, bouge pas… » Un bélier, ça s'élance et ça vous vient dessus… Il aurait pu me tuer ! Mon frère était vite venu avec un bâton pour lui taper dessus et avait réussi à l'emmener ailleurs. Moi je m'étais relevée et après ils l'ont fait tuer. Mais le patron était furieux et je m'en étais ramassée une !!! Je croyais bien que ma dernière heure était arrivée !

C'est surtout le fils qui était méchant et me battait. Il se cachait dans une montée quand j'allais chercher la paille et quand je redescendais il me tapait dessus avec l'aiguillon. Et il ne fallait pas se plaindre, tu en recevais le double !

Et un jour à l'école, pourtant on n'y allait pas souvent, il y avait une visite médicale et c'est là qu'on m'a découvert toutes mes marques dans le dos. Le docteur m'a demandé :

- Tu t'es fait mal dans le dos ?

- Oui, je suis tombée...

- Non, tu n'es pas tombée !

Tu penses bien que je n'allais pas dire qu'on m'avait battue !

Alors le médecin a averti les gendarmes et ils sont venus le chercher chez lui, il a fait trois mois de prison. J'étais contente, je me disais : « Au moins on aura la paix quelque temps ! » Après, il était surveillé, il y avait des contrôles sans arrêt !

Qu'est-ce que tu veux, mon frère avait beau surveiller, on était du même âge ! Puis on n'était pas costaud !

Et un beau jour, deux hommes sont venus nous chercher, et c'était nos oncles. On avait trouvé bizarre d'être habillé en dimanche et de ne pas avoir de travail. On s'était amusé toute la journée. Je disais à mon frère : « Il y a quelque chose de louche… ». Je revois encore la traction noire… Oh, je la reverrai toute ma vie ! Quand on l'a vue rentrer dans la cour, on est vite allé se cacher. Ils ne nous ont pas trouvés tout de suite, on ne risquait pas de se montrer ! Nos oncles, on ne les connaissait pas. On se disait : « Si c'est pour être encore plus mal qu'on est, autant rester là ! ». Tu sais quand on est gamin… On disait à nos oncles : « Pourquoi vous nous laissez pas où on est ? ».

Alors, on est parti. Moi je suis allée rejoindre ma sœur à l'orphelinat de Ferney et Hubert a été placé dans une famille à Anglefort. La séparation a été dure ! Ma sœur je ne la connaissais pas, mon frère aîné qui était à Génissiat non plus.

Alors, chez les sœurs à Ferney, je suis allée à l'école et ensuite à l'école ménagère. C'était quand même beaucoup mieux. Je me rappelle toujours quand mon oncle venait la veille de Noël. C'était tard, j'étais déjà couchée. Les sœurs me faisaient descendre mais on n'allait pas au réfectoire parce qu'elles avaient déjà tout installé et mis des choses dans nos souliers. Les gens de Ferney étaient généreux et donnaient beaucoup aux sœurs. J'y suis restée de dix à dix-neuf ans et j'en suis partie pour travailler comme employée de maison, on disait à l'époque « bonne à tout faire ».

J'ai gardé un très bon souvenir du temps où j'étais à Ferney. Sœur Gabrielle, mon Dieu qu'elle était gentille !

Alors, voilà mon enfance ! Qu'est-ce que tu veux, c'est comme ça. A soixante-huit ans on essaie d'oublier ! Mais il y a des trucs qui reviennent des fois… On se dit : « Mon Dieu, comment on a fait pour vivre ça ? »

Et puis cette mère qu'on n'a vue qu'une fois ! On devait avoir cinq ou six ans. Je la revois toujours devant la grande horloge… On était chacun dans notre petit fauteuil. Elle était contente de nous voir…

Une vie rude

Marie-Louise Indacochea, je l'avais rencontrée au Centre Spirituel de la Valfine dans la combe de Mijoux. Sa vie d'enfant passée au Pays Basque m'intéressait pour la comparer à celle de chez nous. Mais dans les montagnes des Pyrénées tellement plus accidentées que celles de notre Jura, la vie y était encore plus rude. Elle nous raconte :

Je suis Basque, moitié Espagnole moitié Française, car j'ai passé mon enfance à la frontière de nos deux pays. Je suis née en 1939 dans le petit village de Vera-de Bidasoa, au pied de la Rhune, la Bidasoa étant la rivière que traversaient les gens qui fuyaient la guerre civile pour rejoindre la France. J'y ai passé la première partie de mon enfance et l'autre à Banca, à côté de St Jean-Pied-de-Port. Mon enfance a traversé la montagne et la frontière.

Mes parents étaient paysans, fermiers dans une maison appartenant à un oncle. On devait avoir cinq ou six vaches, soixante à quatre-vingts moutons, des cochons et des poules. Il fallait bien tout ça pour élever tous ces enfants qui naissaient si près les uns des autres. Je suis l'aînée de sept. Toute petite déjà – je devais avoir cinq ans – j'étais derrière la queue des vaches et une bonne partie de mes activités se passaient à l'étable.

La maison était construite sur trois étages. Le rez-de-chaussée était occupé par les animaux et, au troisième, c'était la grange à foin. L'appartement était entre les deux, ce qui constituait le chauffage central car on n'avait que les animaux, le feu de la cheminée et la cuisinière à bois pour se chauffer. Je n'ai pas le souvenir de paysages très enneigés, mais je me rappelle avoir souffert du froid quand j'allais à l'école et avoir pleuré plus d'une fois parce que j'avais les pieds gelés. On portait de grosses chaussures en cuir avec des clous dessous, comme des crampons. J'avais un manteau pied-de-poule confectionné par un voisin couturier et des chaussettes en laine de mouton tricotées par maman. Je ne me souviens pas l'avoir vu filer, ma maman, mais par contre carder la laine pour garnir nos matelas.

Comme tout le monde, quand on revenait de l'école on allait travailler à l'étable pour nettoyer et soigner les vaches. On hachait une plante grasse piquante, appelée Otia en Basque, avec un hachoir au bout d'un manche. On la donnait à manger aux vaches avec des betteraves que l'on coupait, le tout mélangé. Cela sentait bon !

On allait aussi travailler dans les champs. On cultivait le maïs, le blé, les betteraves et les navets. Les navets, j'en ai un mauvais souvenir depuis le jour où j'avais dû, comme punition, aller ramasser deux sacs de navets. Des grands sacs à pommes de terre en toile de jute qu'on se mettait sur la tête en forme de capuchon quand on allait travailler sous la pluie. J'entends encore papa me dire : « Va ramasser les navets ! ». Il faisait un froid de canard et je n'ai pas pu remplir les deux sacs ! J'en ai ramené un en le traînant comme je pouvais. Cette punition, je l'avais eue amère parce que je ne pensais pas l'avoir vraiment méritée et aussi parce qu'il faisait très froid. Mais j'avais dû faire une bêtise et comme j'étais l'aînée avec trois garçons derrière moi qui avaient toutes sortes d'idées, et qu'on avait toujours envie de s'amuser, quand une bêtise était faite, c'était souvent moi qui « prenais ». Je me souviens que ce jour-là papa, qui était un homme droit et travailleur mais dur, était très fâché.

En septembre, on fauchait les fougères pour la litière des vaches. On les rentrait sur une charrette tirée par deux vaches et on faisait la « méta » (la meule). On plaçait quelques branches au sol, au milieu on y plantait un mât et on serrait la fougère tout autour en forme de cône. Au sommet, on plaçait de la bouse de vache séchée pour empêcher la pluie de pénétrer. On fixait ensuite des cordelettes avec une pierre au bout qu'on laissait retomber en forme d'étoile pour la protéger du vent et de la pluie.

J'ai des souvenirs éreintants des labours, toujours avec les vaches qu'il fallait guider pour tracer un sillon bien droit. Je marchais devant avec l'aiguillon. Un jour où je n'arrivais plus à les guider parce que je n'en pouvais plus, mon père rouspétait sans arrêt parce que les vaches n'allaient pas droit. J'avais osé lui dire : « Puisque tu n'es pas content, viens devant et moi j'irai derrière ». Il avait accepté, mais je n'y arrivais pas, je n'avais pas la force pour guider la charrue, la soulever et la tourner. Ce jour-là, j'avais tenu tête à papa. Je devais avoir neuf ou dix ans. Cela m'a marquée !

Mon frère, celui qui venait juste après moi, en a « bavé » lui aussi. Je me souviens, papa l'envoyait chercher les brebis à la montagne. Une fois, il en manquait une. Il lui dit : « Tu retournes la chercher ! ». La nuit était déjà tombée et comme mon frère avait très peur de notre père, il a disparu en feignant d'aller la chercher, mais il est allé se coucher dans le foin à la grange. Maman le savait ; c'est elle qui avait dû le cacher. Je la vois encore monter avec du café au lait et du pain dedans. Il a passé la nuit là-haut et le lendemain matin elle est allée le réveiller à la pointe du jour. Il est parti chercher la brebis et l'a trouvée bloquée dans des ronces. Il l'a ramenée à la ferme. Papa apparemment était allé se coucher en pensant que son fils était parti, mais je pense que maman lui avait dit qu'il était à la grange. Les apparences étaient sauves mais à nos yeux à nous, il était bien parti chercher la brebis. Je pense que papa n'aurait pas dormi sachant son fils dehors, dans la nuit, car il était encore petit. Il devait avoir sept ou huit ans. C'était quand même dur ! Moi, je participais aux travaux extérieurs comme tout le monde, mais j'aidais aussi maman à ceux de l'intérieur : je gardais mon petit frère pendant que maman était au lavoir et, un jour, j'ai failli l'étouffer ! C'est maman qui me l'a raconté car je devais être encore toute petite. J'avais tout juste trois ans puisque mon frère a quatorze mois de moins que moi et qu'il était encore au berceau. En partant au lavoir qui se trouvait à un kilomètre de la maison, maman m'avait dit : « Quand ton frère se réveillera, tu t'en occuperas jusqu'à ce que je revienne ». J'étais donc seule avec lui quand il s'est réveillé et qu'il s'est mis à brailler. Que faire pour le consoler ? Je lui ai donné un morceau de pain et de fromage ! Quand maman est arrivée, il hurlait la bouche pleine ! Il aurait pu s'étouffer ! Après, maman avait pris l'habitude de mettre un de ses vêtements contre sa joue pour qu'il sente son odeur s'il se réveillait. Je me souviens, j'étais bien petite encore, cinq ou six ans, que je langeais le petit

Pâturage dans les Pyrénées.

frère. Je m'installais devant le fourneau à bois, assise sur une chaise devant le four ouvert qui dégageait une bonne chaleur. Je chauffais les langes sur mes genoux et j'avais le bébé sur moi. A l'époque, on emmaillotait les bébés avec plusieurs couches de langes tenus par une bande autour de la taille. C'était pour moi une activité contraignante. J'avais trois petits frères et j'éprouvais le besoin d'avoir une petite sœur pour jouer avec ; je n'avais jamais eu de poupée ! Un jour, papa me dit : « Tu vas avoir une petite sœur ». Je ne savais pas qu'il y avait un bébé en route, de plus cet accouchement-là n'avait pas lieu à la maison. Quand papa m'a dit ça, la petite soeur était déjà née ! J'étais contente lorsqu'elle est arrivée à la maison, mais je me suis vite rendue compte que je ne pouvais pas jouer avec elle et que c'était un travail supplémentaire… Oh, la déception ! J'avais huit ans. Quand j'ai réalisé que même si c'était une petite fille c'était encore beaucoup de travail, je lui en ai fait voir de toutes les couleurs. Quand elle avait deux ou trois ans, je lui racontais des horreurs pour la faire pleurer et quand elle était au bord des larmes, vite je lui disais des choses gentilles pour la consoler. Et quand elle retrouvait le sourire, je recommençais avec mes horreurs ! C'était sadique. Mais je l'aimais beaucoup. Et pourtant c'était du travail en plus, moi qui voulais une petite sœur pour jouer à la poupée !

Les jouets, on ne connaissait pas, alors on s'amusait comme on pouvait et parfois en cachette des parents puisqu'il fallait toujours travailler. Quand on revenait de l'école, on profitait d'un endroit qui échappait à la vue des parents car, de la maison qui était sur la hauteur, ils pouvaient nous surveiller sur notre trajet. C'était à cet endroit qu'on faisait parfois des « prouesses ». Mais quand les parents ne nous voyaient pas arriver à l'heure, papa sonnait dans sa corne ; ça retentissait dans toute la vallée ! Quand on l'entendait, on rentrait au pas de course à la maison. Cette corne, elle présidait au-dessus de la cheminée et c'était un instrument que tout le monde respectait. On ne faisait rien d'extraordinaire, on échappait simplement à la surveillance des parents, on jouait à notre façon. Je me souviens quand papa allait à la montagne chercher les brebis, on jouait à la pelote basque. La maison avait un pan de mur avec deux ou trois fenêtres. On allait vite fermer les volets pour ne pas casser les carreaux et on jouait à la pelote comme tous les enfants du pays. Mais il arrivait que nos pelotes partent sur le toit de la maison qui était recouvert de tuiles. On n'osait pas monter les chercher quand nos parents étaient là. Mais dès qu'ils partaient on y allait et, en marchant sur le toit, on cassait des tuiles ! Quand il pleuvait, il y avait des gouttières. Mon père n'y comprenait rien : « J'ai déjà réparé ici, ça coule là-bas… ». On entendait les réflexions et on voyait le père monter sur le toit. On savait bien d'où ça venait, mais on se gardait bien de le dire. On était très solidaires dans les bêtises. Il faut dire que les pelotes qui sont faites avec des boyaux de chat enveloppés de cuir sont très dures. Du reste, on avait les mains toutes gercées à force de taper dedans.

Et puis, un beau jour, mon père a décidé de venir en France pour bénéficier des aides sociales et offrir une vie meilleure à ses enfants. Il ne voulait pas que ses enfants soient paysans. Il désirait mieux pour eux : « Il faut faire une formation pour avoir un métier ! » ; je le lui ai souvent entendu dire. On a donc traversé la montagne pour venir habiter le village de Banca, du côté de St Jean-Pied-de-Port. C'est là qu'est né le septième enfant, encore un petit frère ! J'avais quatorze ans.

A Banca, on était encore plus éloignés de l'école. On faisait six kilomètres dans la montagne le matin et autant le soir. Heureusement, on était des gamins habitués à marcher. Quand on allait avec des adultes, on prenait les raccourcis, on filait tout droit en évitant les virages et on arrivait une heure avant eux ! Là, c'était une vie très dure : il y avait déjà le trajet pour aller à l'école et, quand on rentrait, toujours le même travail : les foins, la fougère, le maïs et les vaches. C'est là que j'ai appris à faucher à la faux. C'était difficile à cause des terrains très pentus. On devait être à mille mètres d'altitude et les hivers y étaient très enneigés. Et puis, qu'il pleuve ou qu'il vente ou qu'il neige, il fallait descendre le lait au village avec l'âne ou le mulet. On ne descendait qu'une fois par jour, le matin, et quand on allait à l'école on l'attachait dans une cabane prévue pour lui et on le reprenait le soir. Je pense que le lait du soir servait à faire le fromage et le beurre pour les besoins du ménage.

Je me souviens de ce jour où l'âne arrivé au sommet d'un raidillon verglacé refusait de descendre. Il n'y avait rien à faire. Mon frère avait beau tirer, il ne voulait pas avancer. Qu'est-ce qu'il fallait faire ? Si on remuait trop, on risquait de faire du beurre avec le lait secoué dans les bidons. Mon frère me dit : « Moi je vais tirer et toi tu pousseras ». L'un a tiré, l'autre a poussé et… l'âne est descendu en glissant sur ses quatre fers, sans les bouger ! Arrivé en bas, le lait avait tourné.

L'hiver, l'école se terminait à trois heures de l'après-midi. En sortant, on s'arrêtait pour jouer à la pelote. Dans tous les villages du Pays Basque, il y a un fronton pour jouer. Alors, nous on jouait avant de remonter. L'instituteur venait nous chasser pour qu'on rentre à la maison ; on le craignait parce qu'il tirait les oreilles et les petits cheveux, mais on allait se cacher derrière un fourré et quand il était parti on revenait. On arrivait à la maison à la nuit et il y avait les vaches à traire ! Le matin, on se levait tôt et on partait avec les lampes tempête. Les voisins qui habitaient de l'autre côté de la montagne partaient eux aussi de bonne heure.

On se retrouvait au village, on formait des bandes, il y en avait qu'on aimait bien et d'autres un peu moins. On se battait à coups de cailloux. On était aussi adroits que des tireurs d'élite ! On vivait avec la nature et avec tout ce qu'on trouvait sur le chemin, on apprenait à lutter. C'était comme ça. On inventait nos jeux et nos jouets. On attachait des boîtes de conserve aux queues des cochons pour les envoyer sur les chemins caillouteux, c'était rigolo ! On faisait boire de l'alcool aux poules ; elles étaient ivres et il fallait voir comme elles dansaient ! On s'amusait comme on pouvait, on n'avait pas de jouets. Nos parents ne nous en ont jamais achetés. J'avais eu une poupée, une année, et mon frère me l'a balancée par la fenêtre. Je l'ai retrouvée toute cassée. C'était une vengeance de sa part : j'avais ciré le parquet des chambres et il était monté avec ses bottes pleines de fumier pour se changer et avait laissé traîner ses vêtements au milieu de la chambre. Prise de colère, je les lui avais balancés par la fenêtre. Alors, il avait fait pareil avec ma poupée, la seule que j'ai eue de ma vie.

Moi qui étais l'aînée, j'étais toujours là, chargée de la conduite de mes frères qui en grandissant devenaient de plus en plus insupportables ! Une fois, ils avaient mis le feu à une haie et ça avait démoli le mur du propriétaire. Il est venu se plaindre à la maison et c'est moi qui me suis fait attraper parce que je ne les avais pas surveillés. Mon père les a fait lever tous les matins à cinq heures pour aller refaire le mur avant de descendre à l'école. Ils ont refait le mur et il tient encore !

Tous les matins en allant à l'école, je passais devant une vitrine où il y avait des bananes. Elles me faisaient envie et ma mère ne voulait pas en acheter. Alors, un jour, je lui ai volé de l'argent (c'est la seule fois de ma vie) et je suis allée m'acheter un kilo de bananes. Je me suis cachée dans un fossé derrière des hautes herbes et j'ai mangé mes bananes. Quel régal ! Je n'ai pas été malade et j'aime toujours autant les bananes ! Et ça, ma mère ne l'a jamais su.

On a fait plein de choses que nos parents n'ont jamais sues. C'est comme le jour où l'on est parti faucher. Papa nous interdisait de toucher aux faux qui étaient rangées au plafond de la grange. Il y en avait une à moitié rouillée et c'est justement celle-ci que mon frère a prise. On est parti tous les deux, on voulait faire le geste du père. Voilà que mon frère m'enfonce la pointe arrière de la faux dans le mollet : le sang giclait ! Nos parents n'ont jamais su comment c'était arrivé. On leur a raconté que j'étais tombée en allant chercher de l'eau et que je m'étais enfoncé le coin du seau dans le mollet. Je n'ai jamais voulu aller chez le médecin ; j'aurais bien pu attraper le tétanos !

Quand on faisait une bêtise avec des choses qui nous étaient interdites, on était des murs ! Et des murs solides !

Mes parents avaient une foi traditionnelle. Ils priaient à leur façon. Je me souviens du chapelet qu'on récitait tous ensemble le soir à la maison. On s'endormait tout en le disant. L'église était à six kilomètres, mais on allait à la messe tous les dimanches, on remontait à midi et parfois on redescendait pour les vêpres. On avait un curé très autoritaire. Je me souviens, quand mon dernier frère est né, mes parents voulaient l'appeler Damas. Cela voulait dire quelque chose en espagnol, mais ça n'a pas plu au curé. Maman a dit : « Alors, comment faut-il l'appeler ? ». « Quel jour est-il né ? » a demandé le curé. « Le 11 décembre » a répondu maman. « C'est la St Daniel ». Alors on l'a appelé Daniel.

On a baigné dans cette ambiance imprégnée de pratiques, de morale. C'était la formation de l'époque. Je me souviens des neuvaines qui se faisaient en Espagne autour d'une vierge portative que l'on faisait circuler de maison en maison. On la gardait pendant neuf jours et après on la portait dans une maison voisine. Et puis, plein de pratiques religieuses ; mes parents disaient que cela ne leur déplairait pas d'avoir un prêtre ou une religieuse dans la famille. Moi, je m'étais dit que jamais je ne serais religieuse depuis le jour où la sœur Saint-Pierre m'avait punie. C'était en Espagne et j'étais petite. Ce jour-là, j'étais arrivée en retard à l'école. On avait comme règlement de laisser les manteaux au vestiaire à l'extérieur de la classe. J'étais arrivée en courant et j'avais oublié de poser mon manteau. Je suis rentrée en classe avec. La « bonne sœur » me l'a enlevé, m'a hissée sur un banc et me l'a mis sur la tête. Oh, l'humiliation ! Depuis ce jour-là, j'ai cassé les pieds à mes parents pour qu'ils me mettent à l'école laïque, ce qu'ils ont fait.

Arrivée en France, à quatorze ans, j'ai continué l'école primaire et suivi les cours d'enseignement ménager. C'est à cette époque que j'ai attrapé une primo-infection. Le médecin a voulu me placer à l'aérium de Banca qui était tenu par des religieuses. Et là j'ai pu continuer l'enseignement ménager tout en me faisant soigner. L'infirmière était une religieuse. J'ai adoré cette femme. Elle m'a fascinée. Elle a été ma première séduction. Je voyais que cette sœur avait un diplôme, qu'elle était heureuse, qu'elle avait tout pour plaire et j'ai pensé : « Moi aussi je veux avoir un diplôme, je veux être heureuse, Alors je me ferai sœur ! ».

J'en ai parlé à mes parents qui ont respecté mon choix, mais on me demandait une dot pour entrer au couvent et ils ne pouvaient pas me la donner. Je suis donc allée travailler pendant une année dans un restaurant pour avoir l'argent nécessaire et je me suis fait mon trousseau.

A dix-huit ans, je suis entrée au couvent. Mon père m'a accompagnée et c'est là que pour la première fois je l'ai vu pleurer.

La vocation du petit berger

Dans l'histoire religieuse de notre pays, on a bien des exemples de petits bergers ayant entendu l'appel mystérieux « d'en haut » en champ, avec les vaches ou les moutons : Bernadette de Lourdes, les deux enfants de la Salette.

C'est aussi ce qui est arrivé à Ernest Belotti, le petit berger qui allait en champ aux vaches et qui a eu l'idée de se faire prêtre, à douze ans déjà.

Il habitait alors Challex, et a exercé tout son ministère au Pays de Gex, avant de prendre à quatre-vingt-quatre ans, une retraite bien gagnée !

J'avais deux ans quand je suis venu en France en 1924. Mes parents habitaient en haute montagne, dans la vallée de Telaggio-Olda, au nord de Bergame. C'est là que je suis né en 1922.

Mon père était d'abord allé travailler à Paris puis quand il a trouvé ce qu'il fallait on est tous venus à Challex, on était déjà trois enfants et j'ai deux sœurs qui sont nées à Challex. Il y avait déjà plusieurs personnes de Telaggio qui étaient là. Mon père travaillait comme maçon – on avait besoin de maçons en France à l'époque – au barrage de Pougny, puis après en Suisse. Dans le Pays de Gex, tous ceux qui sont venus étaient maçons.

A dix ans, je suis allé garder les vaches comme tout le monde, pendant les vacances. On allait dans plusieurs familles. Une année j'étais dans une ferme où il fallait traire en arrivant le soir. Ils avaient Louis Perritaz comme berger et c'est lui qui m'a appris à traire, d'abord à *amouiller* et ensuite à mettre le *botte-cul* ! Je devais avoir un peu plus de dix ans !

Mais d'habitude, on rentrait les vaches à onze heures, on repartait l'après-midi jusqu'à l'heure de traire, on cassait la croûte et on rentrait chez soi.

On travaillait à la ferme pour sa nourriture, en fin de saison on recevait comme paiement une paire de sabots et une plaque de chocolat. C'est tout !

Il y avait beaucoup de fermes à ce moment-là, et plusieurs troupeaux étaient côte à côte, alors on faisait des farces, on s'amusait à souffler dans les pissenlits pour faire de la musique, on se taillait des sifflets de noisetier et puis en fin de saison on cuisait des châtaignes, des pommes de terre sous la cendre… On s'occupait. Mais il fallait aussi courir après les vaches parce qu'on n'avait pas de chien.

On allait garder les vaches pendant toutes les vacances, on n'avait jamais un jour pour s'amuser. Je n'ai jamais su ce que c'était que de s'amuser ! Mon père ne voulait même pas qu'on lise, c'était perdre son temps ! On a été élevé comme ça. Il y avait toujours quelque chose à faire ! On ne savait pas ce qu'était un jouet ! L'hiver, il ne fallait même pas faire des glissades, ça usait les sabots. Le père y mettait des clous et des bouts en ferraille. Après, c'étaient des lamelles en caoutchouc, partout, devant, derrière !

On portait des pantalons courts avec des bas tenus par des élastiques, le tablier d'école fermé sur l'épaule et pour travailler des blouses fermées dans le dos. Le soir en arrivant on posait le tablier d'école.

Ma mère cousait et confectionnait tous nos vêtements et puis elle allait coudre aussi chez les gens. Mon père n'avait pas une paie formidable, il allait au travail en vélo.

Une année, je devais avoir treize ou quatorze ans, on avait été aux betteraves au Sauvage pendant les vacances de Toussaint. Il faisait un froid ! On les arrachait, on les mettait en tas et pour ne pas qu'elles gèlent on les recouvrait de feuilles.

Au printemps, le soir après l'école j'allais travailler à la vigne, effeuiller, attacher.

A douze ans, j'ai passé mon Certificat d'Etudes et je suis rentré au séminaire. Je pensais souvent à être prêtre, et puis quand notre curé nous a emmenés à Rianmont, après la communion solennelle, c'est là que je me suis décidé. Et cela ne m'a pas empêché de continuer à aller garder les vaches pendant les vacances.

Le cortège des communiants à la sortie de l'église de St Jean (vers 1950).

L'école derrière la queue des vaches m'a sauvé plusieurs fois la vie. J'avais dix-huit ans quand la guerre s'est déclarée et j'ai d'abord fait les camps de jeunesse en Saône-et-Loire. Le jour où l'on a été prévenu que les Allemands devaient venir nous prendre le soir, je me suis sauvé et je suis rentré à Bellegarde où mes parents étaient venus habiter. Alors, à ce moment-là, c'était terrible parce que les classes quarante-deux et quarante-trois étaient les classes S.T.O. qui devaient partir en Allemagne. On était une quinzaine au séminaire et tous les camarades sont partis sauf moi qui ai refusé. Je me suis caché à droite et à gauche, je me suis fait arrêter sept fois et sept fois j'ai réussi à me sauver ! Même depuis le Fort de Mont-Luc à Lyon !

Il fallait trouver un lieu pour me cacher. C'est la famille d'Emile Gervais, des protestants, où j'avais été berger durant mon enfance et où j'avais appris à traire qui m'a accueilli. Ils avaient quitté Challex pour reprendre une ferme à St Genis. Ils m'ont caché durant deux ans, à leurs risques et périls puisque les Allemands occupaient le Pays de Gex. L'été j'allais à l'alpage à Menthières avec le berger et l'hiver je restais à la ferme pour faire le travail et naturellement traire les vaches !

Et lorsque j'ai été nommé curé à Mijoux en 1950, là-haut j'allais travailler dans les fermes pour vivre : traire les vaches, faire les foins. J'allais pêcher la truite et couper mon bois. La vie était dure et il y avait peu de monde. J'y suis resté sept ans, ma mère était venue vivre avec moi et plus tard mon père quand il a pris sa retraite.

Quand je suis devenu curé de St Genis, en 1957, j'ai retrouvé tous les gens qui m'avaient connu comme berger !

Et lorsque j'ai été nommé aumônier de la maison de retraite de Tougin, j'ai retrouvé Louis Perritaz, le berger qui m'avait appris à traire avant d'entrer au séminaire ! Je l'ai accompagné pour mourir et j'ai célébré sa sépulture. Au moment de la mise en terre, j'ai posé la main sur son cercueil et j'ai dit : « Adieu Louis, c'est toi qui m'a appris à traire les vaches. »

Le catéchisme

Autrefois, dans nos villages, tous les enfants suivaient le catéchisme du curé, à l'exception des enfants de famille protestante qui allaient, eux, à « l'école du dimanche ».

L'enfant était baptisé dans le mois qui suivait sa naissance pour avoir droit à la sonnerie des cloches, entrait au catéchisme à sept ou huit ans pour se préparer à sa première communion privée, suivie à douze ans de la communion solennelle, qu'il renouvelait l'année suivante. C'était la fin du catéchisme.

Dans mon village de St Jean, j'ai été catéchisée par l'Abbé Philippe Chanvillard qui avait également catéchisé mon père. L'Abbé Chanvillard avait été nommé curé de la paroisse en 1906, en pleine séparation de l'Eglise et de l'Etat, et en avait supporté tous les tourments. Mais c'était un homme paisible et tolérant qui avait, malgré les dissensions, des contacts avec tous les habitants du village. Avec lui, j'ai appris le catéchisme par cœur : questions et réponses et toutes les prières à réciter matin et soir. Et les Commandements de Dieu et de l'Eglise qu'on devait respecter à la lettre !

Je me souviens des leçons devant le grand livre illustré : Dieu le père avec sa grande barbe, assis sur un nuage, tenant entre ses jambes Jésus cloué sur la croix, avec la colombe entre les deux. Ce devait être pour expliquer le mystère de la Ste Trinité. Comme c'était un mystère, il n'y avait rien à comprendre ! Mais la page de l'Enfer, avec les diables cornus tenant à bout de fourche les damnés qu'ils balançaient dans les flammes, là, il n'y avait pas de mystère !!! Il devait bien y avoir une image du Paradis ? Mais je l'ai oubliée ! Pas celle de l'Enfer !!!

Il en découlait un enseignement basé sur la morale et les interdits. Mais le Curé Chanvillard était un saint prêtre qui nous apprenait aussi l'amour du prochain et la dévotion à la Vierge qui était intense à l'époque.

L'enseignement du catéchisme était marqué par deux événements importants : la petite communion privée à huit ans et la communion solennelle à douze ans. Je me revois encore, agenouillée à l'église, avec mon petit costume bleu roi, confectionné par ma mère dans sa robe de mariage qu'elle avait teinte et mon petit chapeau de paille jaune orné d'une guirlande de fleurs. Oh, que j'étais émue !

Le pèlerinage à Rianmont (1982).

La communion solennelle à St Jean en 1953. A l'arrière des communiants, l'abbé Levrat, missionnaire d'Ars à gauche, l'abbé Chanvillard, curé de la paroisse à droite.

Pour la communion solennelle, on devait porter la robe blanche et le voile. La « cousine de la villa » nous avait prêté celle de ses filles plus âgées que moi. Une magnifique robe d'organdi avec des « baigneuses » qu'il avait fallu découdre car j'étais très grande. La retraite était sérieuse. Un missionnaire d'Ars était venu la prêcher. Pour cette communion solennelle, on recevait le missel et le chapelet, offerts par les parrains et marraines. C'était une belle et grande fête à l'église. On entrait en procession et en chantant « Je suis chrétien ».

L'Abbé Ernest Belotti, lorsqu'il fut nommé curé de Mijoux, en 1950, adopta une autre manière d'enseigner le catéchisme, les méthodes d'avant-guerre lui semblant totalement révolues : faire découvrir la vie du Christ, initier à la pratique chrétienne plutôt qu'enseigner des commandements difficiles à assimiler dans la société d'après-guerre en pleine mutation, tels étaient ses objectifs. Mais cela exigeait une pédagogie adaptée.

Il explique : « Autrefois, le curé quand il faisait le catéchisme, c'était le « professeur » ! On n'avait pas le droit d'ouvrir la bouche, pas le droit de poser des questions et il fallait apprendre par cœur.

» Moi, je n'ai jamais voulu faire apprendre des choses par cœur, je parlais aux enfants, ils me posaient des questions et je les faisais réfléchir.

» Je prenais toujours une page d'évangile pour expliquer les paraboles et les miracles. L'un d'eux la lisait et on en discutait : ils me posaient des questions, je leur donnais des explications. Les enfants, ça les accrochait. Et de là, j'essayais petit à petit de les faire réfléchir pour qu'ils prennent leurs responsabilités.

» Les Commandements de Dieu et de l'Eglise, je les avais appris par cœur quand j'allais moi-même au catéchisme. Je n'y avais rien compris ! Alors, je n'allais pas les enseigner aux gosses dont j'avais la responsabilité ! Leur faire apprendre des formules toutes faites, ça non ! Je ne donnais rien à apprendre. Les prières, on les faisait au début et à la fin du cours, ils les retenaient mieux.

» Pour la préparation à la communion privée qui se faisait à huit ans, je leur racontais l'histoire du Christ. On apprenait le « Notre père » et le « Je vous salue Marie ». Je les formais à la confession. Mais je n'ai jamais voulu leur faire utiliser les formules toutes faites avec la liste des péchés qui étaient dans le catéchisme. Autrefois, pour aller se confesser, il fallait écrire ses péchés en se référant à cette liste. Les gosses l'utilisaient sans rien y comprendre : « Je n'ai pas fait l'œuvre de chair », comment voulez-vous qu'en grandissant ils n'abandonnent pas tout ça !!!

» Je me rappelle que dans un cours de préparation à la communion solennelle j'avais, sur une année, expliqué toutes les paraboles. La communion, on la préparait intensément par les trois jours qui la précédaient. C'était important. J'assumais cela tout seul et, à l'époque, on n'allait pas se promener, sauf quand j'étais curé de St Genis, on allait toujours le samedi après-midi faire une visite à la Vierge des marais.

» Les garçons aimaient bien venir comme enfant de chœur pour servir la messe du dimanche. Il faut dire qu'autrefois tous allaient à la messe, sauf dans les familles protestantes qui étaient une petite minorité. Alors, être enfant de chœur leur donnait un rôle. Ils venaient aussi pour les enterrements et les mariages, c'était une distraction et ça faisait sauter la classe ! Se promener en tête du cortège en portant la croix pour les enterrements, c'était quelque chose qui leur plaisait !

» Mais tout ça se terminait avec la fin du catéchisme, quand ils renouvelaient la communion solennelle à treize ans. »

A Chézery, vers 1946. les enfants de la première communion, ceux de la communion solennelle et les enfants de chœur autour de l'abbé Richard, leur curé.

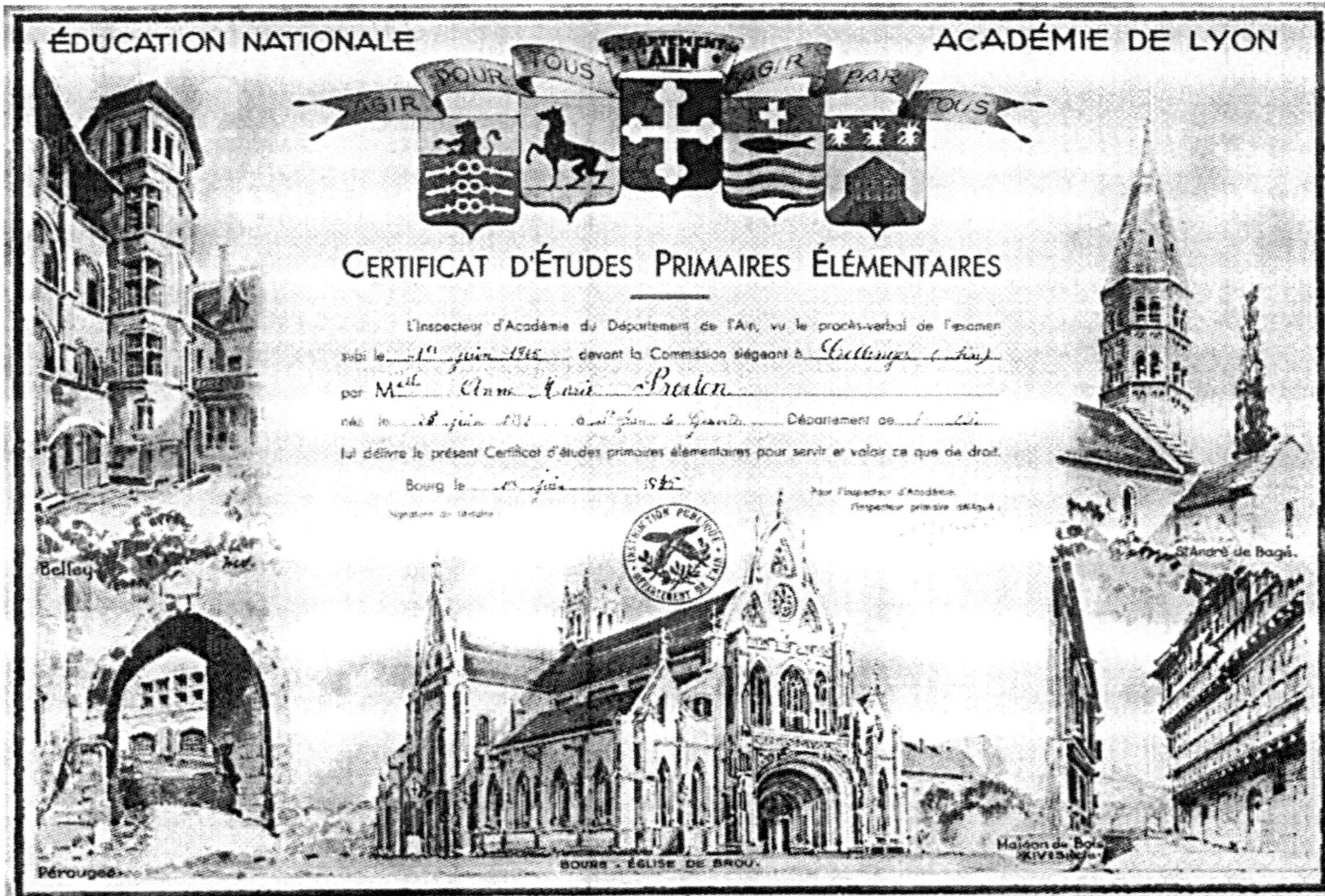

ÉDUCATION NATIONALE — ACADÉMIE DE LYON

AGIR POUR TOUS — DÉPARTEMENT DE L'AIN — AGIR PAR TOUS

CERTIFICAT D'ÉTUDES PRIMAIRES ÉLÉMENTAIRES

L'Inspecteur d'Académie du Département de l'Ain, vu le procès-verbal de l'examen subi le ______ devant la Commission siégeant à ______ par M ______ né le ______ à ______ Département de ______ lui délivre le présent Certificat d'études primaires élémentaires pour servir et valoir ce que de droit.

Bourg le ______ 19__

Signature du titulaire

Pour l'Inspecteur d'Académie. L'Inspecteur primaire délégué.

L'école

On avait cinq ans, parfois six, quand on commençait l'école autrefois. On était à la petite école avec la maîtresse et à la grande avec le maître, quand ce n'était pas dans une classe unique suivant l'importance du village ou si l'on différenciait les garçons des filles.

L'aboutissement de l'école, c'était le fameux « Certificat d'Etudes Primaires » que certains passaient à onze ans avant la guerre de quatorze, à douze ans entre les deux guerres, et à quatorze ans à la fin de la dernière… La scolarité devenue obligatoire jusqu'à quatorze ans donnait alors droit aux Allocations familiales.

L'instituteur et le curé étaient, dans nos villages essentiellement ruraux, des personnages instruits et respectés. L'un était chargé de former de bons citoyens, de bons patriotes, l'autre de bons chrétiens. Ce n'était pas la morale qu'ils enseignaient qui les différenciait mais la raison pour laquelle ils l'enseignaient.

L'un et l'autre étaient craints et respectés, et assumaient la continuité d'une société respectueuse de valeurs transmises de génération en génération.

André Jeantin, instituteur honoraire, raconte :

A cette époque, la rentrée avait lieu le 1er octobre. On avait des vacances à la Toussaint, quelques jours, à Noël de l'avant-veille au surlendemain du 1er janvier, cinq jours pour Mardi Gras, deux semaines à Pâques et on terminait au 14 juillet.

Les enfants qui gardaient les vaches rentraient à la Toussaint. C'était une tolérance accordée aux enfants de paysans, dans certains villages. C'était la fin lorsque j'ai commencé à enseigner. Je n'ai jamais accepté ce passe-droit qui pénalisait les enfants de la campagne. Les seules autorisations d'un jour que j'ai accordées, c'était pour les enfants de paysans au moment de la montée à l'alpage.

On allait à l'école cinq jours par semaine. Le jeudi était le jour de congé au milieu de la semaine. Les horaires étaient : huit heures et demie, onze heures et demie, treize heures trente, seize heures trente. Le samedi après-midi était le jour béni de la semaine, parce qu'on pouvait faire des travaux manuels intéressants. Lorsque j'étais à St Genis, on avait un jardin scolaire à côté de l'école et pendant que les garçons labouraient et travaillaient au jardin, les filles faisaient de la couture. C'était parfois une grande promenade au bord de l'Allondon pour aller voir les arbres, les fleurs, les truites. J'ose à peine dire que j'apprenais aux garçons à prendre des truites sous une pierre, sans leur faire de mal, et à les relâcher.

Il y avait autrefois des maîtres remarquables qui inculquaient aux enfants le respect de la nature. Quand j'allais comme examinateur au Certificat à Collonges, j'ai connu l'instituteur de Challex qui a formé des générations d'élèves. Il leur apprenait à greffer des rosiers sur des églantiers qu'il récoltait à l'automne et qu'il plantait dans le jardin. Il avait une soixantaine de rosiers extraordinaires qu'il avait multipliés lui-même et quand un enfant quittait l'école, il emmenait le rosier qu'il avait greffé. C'est lui qui m'a appris à greffer et j'ai continué dans le jardin de St Genis. J'avais une quinzaine de variétés de rosiers très beaux, mais le terrible hiver de 1956 m'a tout détruit. Quand les élèves avaient greffé un joli prunier, ils l'emmenaient chez eux en quittant l'école.

L'instituteur de campagne de l'époque était obligatoirement tourné vers la paysannerie et les choses de la nature. Je trouve que même pour celui qui n'est pas enfant de paysan, c'est un âge béni entre huit et quatorze ans pour apprendre la différence entre un sapin et un épicéa, ou comment reconnaître un chêne, un châtaignier, d'un cerisier sauvage… Les classes promenades de l'époque étaient très bénéfiques. Pendant deux heures et demie d'un bel après-midi de printemps on peut en apprendre des choses ! Quand j'étais à Cessy, on allait dans les carrières. A un moment donné, dans la coupe verticale d'une falaise, il y avait des hirondelles de rivage, qui nichaient dans des trous de sablon. Elles n'existent qu'au bord de la mer. Comment étaient-elles venues là ? Elles avaient sans doute trouvé le coin idéal pour nicher ? Elles creusent dans le sablon un trou à l'horizontale d'environ un mètre de profondeur et le nid est au fond. Elles étaient là en permanence et résistaient à l'hiver. On pouvait aller les observer. Dans les mares, il y avait des grenouilles et aussi des têtards qu'on pouvait attraper et élever en classe pour voir leur métamorphose en grenouille. C'est ça la classe promenade instructive.

Quand j'étais à St Genis, les beaux après-midi d'été, j'emmenais les élèves de ma classe aux deux grandes gouilles qu'on appelait les Dondes. Elles avaient un mètre vingt de profondeur et on pouvait y apprendre à nager.

Les parents demandaient des autorisations pour que leur fils « enfant de chœur » participe à une sépulture. Il n'y avait pas de problème, mais je surveillais bien l'heure et je leur disais : « Je vous lâche un quart d'heure avant l'office, comme ça vous n'aurez pas le temps de faire des sottises entre l'école et l'église ! » Pour la retraite de communion solennelle, on accordait l'autorisation sans problème. Un habitant de St Genis m'avait raconté l'histoire qui était arrivée à deux enfants de chœur de St Genis, Victor et Georges. C'était au temps du Curé Favre. Ils étaient allés prendre le bénitier et la croix à l'église de Pouilly pour aller chercher le corps du défunt à Flies. En sautant le ruisseau de la Vierge des Marais, voilà qu'ils renversent le bénitier ! Plus d'eau bénite ! Ils étaient bien gênés ; ils ne savaient que faire ! Finalement, ils ont rempli le bénitier avec l'eau du ruisseau et ils ont fait une prière pour « refaire » de l'eau bénite !

Il faut reconnaître que les vieux instituteurs des générations passées, qui avaient été formés à l'Ecole Normale anti-cléricale de l'époque, avaient quand même un esprit de droiture très particulier même s'ils ne pratiquaient pas. Ils étaient très respectueux de la croyance des autres, qu'il s'agisse de leurs collègues ou de leurs élèves.

Lorsque j'étais à Surjoux, un village à mi-pente entre Chanay et les coteaux du Rhône, il y avait une toute petite chapelle et pas de salle paroissiale. Le curé venait faire le catéchisme à l'école. Les parents en avaient fait la demande à l'inspecteur pour que leurs enfants restent dans une classe chauffée. Alors, à onze heures et demie, je cédais ma place au curé, mais il m'arrivait de corriger mes cahiers pendant qu'il faisait le caté. Il n'y a jamais eu de problème.

Souvent l'instituteur s'investissait à faire une sorte de discipline dans le village, mais il n'y était pas tenu. La première année où j'étais à Cessy, j'avais remarqué que les gamins qui s'éparpillaient jusqu'à Tutegny, Pitegny, traînaient le long des routes en sortant de l'école. Je ne voulais pas qu'ils arrivent chez eux en disant « le maître nous a gardés plus longtemps », alors je les faisais toujours sortir à l'heure. Il m'arrivait de sauter sur mon Solex et d'aller jusqu'au carrefour de l'ancienne *fruitière* de Cessy pour disséminer les « moineaux ». Il suffisait que je fasse un tour en Solex pour que tout le monde parte chacun dans sa direction !

L'école primaire d'autrefois donnait l'essentiel de ce que l'on devait savoir. Les bons élèves qui avaient la possibilité de se cultiver par eux-mêmes, soit en lisant, soit dans leur métier, pouvaient être de bons artisans toute leur vie. Souvent je discutais avec un ancien élève, un excellent charpentier à la retraite maintenant. Je lui disais : « Comment peux-tu arriver à faire des toitures si tarabiscotées dans ces maisons modernes où les toits s'enchevêtrent ? » Il me répondait : « Ben oui, je n'ai jamais été à l'école qu'avec vous ! Tout ce que je sais, c'est à vous que je le dois. » Il s'est très bien débrouillé dans son métier pour devenir un charpentier réputé.

On faisait beaucoup de géométrie et de constructions géométriques. J'ai retrouvé un vieux cahier de travaux manuels où, pour concrétiser les figures géométriques, tout était découpé : le cercle, le triangle, le losange, etc. Comment tracer les hauteurs, les médianes, les bissectrices d'un triangle, qualités d'un triangle isocèle, équilatéral, tracé de l'ovale, de l'anse du panier, développement de la pyramide, etc… le tout découpé dans du carton et collé.

On avait les leçons d'écriture, dix à quinze minutes chaque jour. Les élèves écrivaient à la plume gauloise ou sergent-major avec de l'encre qu'on fabriquait avec une poudre violette qu'on diluait dans l'eau. On avait des grandes bouteilles d'un litre avec un bouchon verseur, les élèves de service étaient chargés de vérifier les encriers et au besoin d'enlever les taches sur les tables.

Tous les jours, c'était l'écriture anglaise penchée, à l'exception du samedi où je faisais écrire en script. Comme on était près de la Suisse et qu'en Suisse on écrivait en script dès l'âge de six ans, si des élèves devaient poursuivre leurs études au Collège Moderne de Genève, il ne fallait pas qu'ils soient dépaysés. D'autre part ça permettait de mettre les titres aux différents paragraphes d'un cahier.

Quand on est jeune enseignant, notre écriture a été déformée par les années d'Ecole Normale où l'on doit écrire vite et il faut des années pour arriver à bien écrire. Une vieille institutrice de Génissiat m'avait dit : « Mon petit, tu n'as qu'une chose à faire : tous les soirs, tu te forces à faire dix minutes de modèles d'écriture et tu verras qu'au bout d'un an ou deux tu sauras mettre les modèles sur les cahiers des cours préparatoires. » Elle m'avait prêté l'un de ses vieux cahiers de modèles que j'ai toujours. C'est avec ce cahier que j'ai appris la forme exacte des majuscules, des minuscules, et les proportions à respecter. En classe, c'était dix minutes d'écriture tous les jours, avec des modèles écrits à l'avance au tableau rayé en réglures séyès.

On utilisait un cahier spécial à petits carreaux pour les tracés géométriques. Il servait aussi pour les cartes de géographie.

L'ardoise était très utile pour le calcul mental qu'on pratiquait beaucoup jusqu'à quatorze ans. Presque chaque matin quelques minutes étaient consacrées au calcul mental. Les questions étaient préparées à l'avance par le maître qui disait aux élèves : « Sortez vos ardoises, vos craies et vos chiffons. » La craie pour que ce soit visible de loin. Alors l'enfant avait l'avant-bras droit vertical, perpendiculaire à la table et tenait sa craie. C'était un rite à prendre. L'ardoise était sur la table. Le maître annonçait : « 26 fois 11 », un coup de règle, ils écrivaient, un deuxième coup de règle, ils levaient l'ardoise. Il n'y avait pas de tricherie possible parce qu'ils n'avaient pas le temps matériel de regarder sur le voisin ; 26 fois 11, vous additionnez le 2 et le 6 = 8, vous mettez le 8 au milieu, vous obtenez 286. Ces procédés de calcul mental, ça s'apprend, ça se cultive. La multiplication par 11 est la plus facile : on prend les deux chiffres du nombre donné, on les additionne et on met le chiffre obtenu au milieu. Multiplier par 25, c'est diviser par 4 et multiplier par 100. Diviser par 4, si on ne peut le faire d'un seul coup, on coupe en deux et encore une fois en deux. Alors tous les matins quelques exercices comme ça sur des thèmes donnés et prévus à l'avance faisaient travailler les élèves. Ils aimaient beaucoup. C'était comme un jeu. Chaque fois qu'ils avaient juste, ils mettaient une barre dans le coin de leur ardoise et quand on avait fait dix questions, je relevais les résultats. Je leur avais appris à ne pas tricher.

Il y avait tous les jours une demi-heure de lecture. Très souvent le maître faisait la première lecture pour déchiffrer le texte et donner l'intonation. Après, chaque élève en reprenait un morceau, au signal du maître. Si l'élève ne suivait pas et qu'il n'était pas capable d'enchaîner, il devait copier en belle écriture un paragraphe de la lecture. L'instituteur que j'avais remplacé était somnolent au début de l'après-midi, au moment de la lecture. Les élèves avaient remarqué que tant qu'il y avait un ronron dans la classe, le maître continuait à faire son petit sommeil à son bureau ; mais si par hasard un élève s'arrêtait parce qu'il n'avait pas suivi la lecture, ça réveillait le maître ! Alors ils étaient de mèche, dès qu'un était un peu fatigué ou avait fini son paragraphe, tout de suite l'autre reprenait pour que le ronron continue !

La lecture était très importante. Prononcer un mot difficile, marquer les virgules, les points-virgules, trouver le rythme de la phrase et du texte, s'assurer de la compréhension.

La dictée aussi était importante. On en faisait trois par semaine.

J'avais un livre d'orthographe avec des dictées choisies par difficultés et par thèmes. A la rentrée, c'était l'automne, les feuilles mortes, les châtaignes, les vendanges, toutes sortes de textes de bons auteurs dont le livre donnait un court extrait. Chaque texte était accompagné d'une série de remarques et de questions pour faire réfléchir à l'orthographe. C'était une préparation de la dictée que l'enfant pouvait faire chez lui. Après chaque dictée, il y avait les questions sur le sens du texte, sur le vocabulaire et la grammaire. Et puis beaucoup de conjugaisons. Après les thèmes sur l'automne, il y avait la Toussaint, le culte des morts, puis l'hiver, la neige et après les premières fleurs du printemps. On suivait les saisons, on prenait le temps, ensemble, de les observer, de les apprécier.

Si on avait plusieurs livres de lecture, on pouvait choisir un paragraphe intéressant et le donner à préparer à la maison. Là, c'était à l'élève de préparer lui-même sa dictée.

Dans la semaine, on avait deux leçons de récitation : les jours où les élèves arrivaient avec l'esprit bien frais, les lundi et vendredi matin. Une demi-heure de récitation. C'était l'apprentissage de poésies avec des textes en prose de bons auteurs. Pour varier, on puisait dans les fables de La Fontaine qui sont toujours d'actualité. Je leur en faisais apprendre de nombreuses, même très longues, huit à dix vers à la fois. J'exigeais que ce soit su parfaitement, même si la fable était difficile comme « Le villageois et le serpent ». Je choisissais parfois des morceaux de prose, voire des textes de Duhamel qui sont excellents. On peut faire ensuite de l'autodictée. Quand l'enfant a bien appris un texte, on lui demande de le réécrire sans faute tout seul.

L'enfant interrogé en récitation venait vers le bureau, face à tous les copains, il devait mettre l'intonation et pourquoi pas le geste.

On avait donc deux matins de récitation et les autres jours c'était morale et instruction civique.

La leçon de morale pouvait commencer par une lecture dont on tirait un thème de discussion. Le maître lisait lentement le texte, le commentait et en discutait tout simplement avec les enfants qui n'avaient pas peur de parler. Mais c'était à chacun son tour, en levant la main pour demander la parole, de façon à ce que ce ne soit pas le charivari dans la classe.

En instruction civique, on apprenait le rôle du maire et des conseillers, le canton, l'arrondissement, le département et la justice.

La politesse s'apprenait dans la vie de tous les jours. Les enfants avaient l'habitude, quand ils entraient dans la cour, de venir dire bonjour au maître : « Bonjour Monsieur ». A Cessy, les élèves de la petite classe, les cinq à six ans, embrassaient leur maîtresse et moi-même si j'étais à proximité. Un jour où l'inspecteur était là de bonne heure le matin et qu'il avait vu tous ces bambins venir m'embrasser, et que j'étais obligé de me baisser à chaque fois, il m'avait dit : «Vous vous soumettez à cette corvée tous les matins ? », je lui avais répondu du tac au tac : « Mais ce n'est pas une corvée ; vous avez vu comme ça fait plaisir aux enfants ! »

L'inspecteur ne venait pas pour les élèves, mais pour contrôler le travail du maître. Très souvent il s'installait au fond de la classe, s'il arrivait au moment d'une leçon il pouvait se faire une opinion sur l'enseignement du maître. Il contrôlait aussi les registres de présence et les cahiers du jour des élèves.

L'inspecteur exigeait que nos prévisions de travail, les répartitions, soient établies par écrit, mois par mois et matière par matière, de façon à couvrir tout le programme de l'année.

Lorsqu'on arrivait en fin d'année scolaire, il y avait la préparation au Certificat. On faisait quelques dictées supplémentaires et un peu plus de calcul. Ceux qui devaient être présentés à l'examen restaient une heure de plus en classe le soir. Les gens accordaient une grande importance à la réussite de ceux qui étaient présentés au Certificat. Après l'école primaire, les instituteurs itinérants enseignaient aux fils de paysans quelques notions d'agriculture, d'élevage et de mécanique agricole.

Les jeunes de quatorze ans étaient avides d'apprendre la mécanique. Il y avait longtemps qu'ils conduisaient le tracteur mais ils n'en comprenaient pas le fonctionnement. Il ne fallait pas leur parler d'orthographe, mais par contre le calcul appliqué, ça les intéressait parce que c'était utile pour eux.

Durant leur scolarité, ces enfants travaillaient à la ferme avant de venir à l'école, ils arrivaient en classe pour se reposer et le soir en rentrant à la maison il fallait encore apprendre les leçons.

Quand le Certificat était à douze ans, ils avaient une année de cours supérieurs, puis trois ans de cours complémentaires. Mais ceci n'existait qu'à Gex. En règle générale les enfants quittaient l'école à quatorze ans pour entrer dans la vie active, celle des adultes.

Les filles avaient une institutrice ménagère pour leur apprendre les rudiments de la cuisine et de la couture, plus un peu d'enseignement général.

Les cours étaient donnés dans l'ancien bâtiment du Crédit Agricole de Gex, les filles au premier étage, les garçons au sous-sol.

La commune doit payer les fournitures scolaires, soit directement, soit en donnant une subvention au « Sou des écoles » qui est une association type 1901. Les parents paient une cotisation au « Sou des écoles » qui est aussi alimenté par le bénéfice de la fête de Noël quand il y en a une et les dons exceptionnels.

Dans les petits villages, c'était souvent l'instituteur qui allumait le feu chaque matin afin que la classe soit chaude à huit heures et demie. Les élèves de service, qui changeaient chaque semaine, rentraient le bois et montaient le charbon de la cave. C'était le travail des grands garçons. Les filles assuraient le ménage du bureau du maître, changeaient l'eau des fleurs, vidaient les corbeilles à papier, donnaient un coup de chiffon sur les tables, enlevaient les taches d'encre. Le balayage était fait par une dame salariée de la commune.

J'attachais beaucoup d'importance aux places dans la classe. Les plus turbulents étaient sous mon nez, près du bureau, les plus tranquilles au fond. Quand ils avaient terminé leur travail, souvent en avance, ils venaient vers ceux qui avaient des difficultés pour leur expliquer dans leur langage d'enfant, peut-être plus compréhensible que celui du maître.

A l'Ecole Normale, on nous disait que notre rôle était de former des citoyens. L'enseignement de la morale et l'attitude du maître contribuaient à cette formation dans la vie de chaque jour : quand les enfants arrivent en classe, pendant les jeux, la récréation, à la cantine s'il y en a une, puis dans la vie en classe. Six heures par jour, ce n'est pas rien ! Il y a des règles de vie, des habitudes, des moments de rigolade incroyable ! On peut très bien travailler consciencieusement en classe et avoir des moments de fou rire ! Je me suis rendu compte pendant trente-huit ans d'enseignement qu'on pouvait être sévère à condition d'être juste, qu'on pouvait maîtriser sa colère même quand on bout intérieurement et faire en sorte que les rapports entre le maître et les élèves soient toujours d'humeur égale et constante.

A St Genis, j'avais un certain Daniel qui habitait Pouilly. C'était un garçon indépendant, intrépide, qui aimait courir les champs et les ruisseaux. La classe l'astreignait beaucoup et il était souvent distrait. Pendant une explication importante que je donnais, il s'amusait à attraper des mouches sur sa table. Je le voyais en attraper une, l'écraser et l'aligner avec ses congénères sur sa table, puis rire avec son voisin. Je pensais le punir, mais avec humour et de façon utile. Je passe vers lui doucement et je lui dis : « Tu sais Daniel, si tu nous débarrassais des mouches qui sont dans la classe, ça m'arrangerait bien ! A quatre heures et demie, tu m'alignes dix cadavres sur le bord de la table et je te laisse partir ! » On a bien rigolé ! Et il a attrapé les mouches car il était très habile !

Voilà ce qui faisait le sel de la vie à l'école d'autrefois dans nos campagnes.

✶

A l'Ecole Normale, on prônait le laïcisme au plus haut degré et il était de règle d'être anti-clérical, mais il y avait une conscience laïque très forte qui a formé des gens remarquables, des gens citoyens responsables, qui aimaient leur métier. Et ce métier, si on ne l'aime pas, si on n'aime pas les enfants, il devient très vite un calvaire. Dans ce cas, il ne faut pas le faire !

École Mixte de Surjoux.

Morale

Répartition mensuelle.

Octobre.

6 – La politesse. Ses formes les plus élémentaires
9 – La politesse – Les différentes formes de politesse.
13 – La franchise. l'amour de la vérité.
16 – L'obéissance aux parents
20 – L'amour du travail
23 – La médisance – La calomnie.
27 – La probité – Ses différentes formes.
30. – Le respect de la parole donnée –

Novembre.

6. – La famille – ce que c'est que la famille – Le travail de chacun – L'union dans la famille
10. – La famille. l'esprit de famille – l'honneur du nom – l'orphelin.
17 – Les parents – amour, respect des parents – reconnaissance envers les parents.
20 – Supériorité de l'homme sur l'animal. – liberté – responsabilité. – L'homme civilisé
24 – Devoirs de l'enfant envers ses grands-parents et envers les vieillards en général.
27. – Devoirs des frères et des sœurs – affection – concorde – protection – bon exemple.

Décembre.

1er – L'âme et le corps. devoirs envers le corps : la santé – la propreté – la tenue.
4 – Le corps. L'hygiène et la culture physique – sa nécessité –
8 – Sobriété et tempérance – la gourmandise.
11 – L'ivrognerie – l'alcoolisme.
15 – Les plaisirs nobles et les plaisirs malsains – travail et jeu – passion du jeu –
18 – Le travail est noble, la paresse méprisable.
22. – Noël, fête de famille (récapitulation sur la famille, son union – le respect des parents – la concorde entre frères et sœurs, sur la sobriété et la tempérance, sur les plaisirs nobles) –

Janvier

5 – L'économie – l'épargne
8 – Ordre et désordre
12 – Propreté – tenue, en classe et à la maison.
15 – Avarice – prodigalité.
19 – La charité l'aumône
22 – La modestie – la connaissance de soi
26 – La vanité – l'orgueil

29 - Les qualités du bon écolier (assidu - attentif - poli - travailleur - soigneux etc.)

Février

2 - Ce qu'est la Patrie - idée de grande famille - la vie de la Patrie.

5 - Comment s'est formée la Patrie.

9 - Obéissance à la loi.

12 - Obligation du service militaire.

16 - Le drapeau français.

19 - Le devoir de bien voter.

23 - nécessité de l'impôt - le devoir de payer l'impôt.

26 - les libertés que la patrie nous garantit.

Mars

2 - La culture de la volonté.

9 - L'esprit d'initiative - La présence d'esprit.

12 - Le courage - le sang-froid.

16 - Le dévouement le sacrifice.

19 - Le courage moral.

23 - Le respect de la vie et de la liberté des autres.

26 - Le respect de la propriété.

30 - Devoirs des serviteurs envers les maîtres.

Avril

2. - Devoirs des maîtres envers les serviteurs

6. - La conscience.

9. - La loi morale

13. - Justice et charité

30. - La responsabilité.

Mai

4. - La dignité personnelle

7. - Respect des croyances et des opinions

11. - Union - concorde - fraternité.

14. - La bonne humeur

18. - Devoirs envers les animaux

21. - Nécessité d'un métier

25. - Le perfectionnement professionnel

28. - Les devoirs de la profession - La conscience professionnelle.

La petite école d'Adrien

Adrien Lapalud était né en 1902 à Challex. Il n'était pas allé à l'école bien longtemps à cause de la guerre (celle de 1914 – 1918) mais il n'avait rien perdu de ce qu'il avait appris et tout au long de sa longue vie, il avait continué à s'instruire en s'intéressant à son village, en participant à la vie associative. Lorsqu'il assura la fonction d'agent d'assurances et ensuite de secrétaire de mairie, il accumula archives et documents sur la vie de son village et en particulier celle du château, qu'il classa soigneusement. Adrien, c'était la mémoire du village, et aussi celle de notre canton. Lorsqu'on voulait une date précise, un renseignement précis, on s'adressait à Adrien devenu une véritable encyclopédie !

A cent deux ans, peu avant de mourir, ne pouvant plus écrire, il faisait encore des statistiques dans sa tête ! « C'est ce qui me tient ! » m'avait-il dit. Je lui avais alors demandé de me raconter sa vie de petit écolier. Sa mémoire était intacte !

Adrien nous a quittés en mars 2005, à cent deux ans passés, mais son souvenir demeure par ces quelques lignes retraçant son enfance et ses cahiers d'école si soignés.

Moi je suis né à Challex, le 12 août 1902 et j'avais cinq ans quand j'ai commencé l'école, avec ma jupe, le tablier aboutonné dans le dos et les bas de laine.

La classe commençait à huit heures et il fallait toujours être dans la cour pour l'heure de la rentrée. On se mettait en rang deux par deux et on rentrait en silence. Un moment donné la

738,72
123.12
615,60

738.72 | 1368
05472 0,54
0000

Prix d'achat des 13 [hl] 738f.72 – 123f.12 = 615f.60

Prix de vente du litre 738f.72 : 1368 = 0f.54

Réponses 1°. 615f.60 2°. 0f.54

– . Ecriture . –

C. C C C. O O O J. J. J. J.

C C O O O J J O C J K

O O C C O O O

– Rédaction . –

La plainte de l'arbre abattu.

Un arbre gémit sur le sol. Il rappelle le charme de sa vie passée et s'indigne contre le bucheron qui l'a coupé. Il se console cependant en pensant qu'il n'est plus attaché au sol il va pouvoir voyager et sera encore utile. Quel est son langage.

Développement

Un bûcheron vient de m'arracher à ma terre natale, me voici maintenant couché sur le sol. Oh que les hommes sont durs et ingrats.

Que j'étais bien au milieu de mes autres camarades ; je vivais avec le temps. Au printemps sur mes branches s'étalaient des bourgeons. A l'été mes feuilles se développaient et devenaient d'un vert tendre. L'automne je me recouvrais de mon manteau roux ; et, l'hiver je dormais pour me reposer. Auprès de moi j'avais des camarades auxquels je causais et, ensemble nous contemplions le paysage qui s'ouvrait sous nos yeux. Chaque année ma taille s'élevait et mes branches devenaient plus grosses. Que j'étais content, quand je voyais, en avril les oiseaux venir passer la nuit sous mon feuillage. J'étais pour eux un soutien. J'étais aussi libre et je pouvais à mon aise respirer l'air vivifiant et les suaves parfums qui embaumaient l'air. Souvent j'ai eu la visite des promeneurs et des écoliers ceux-ci montaient sur mes branches et cela leur causait une grande joie et, sous mon ombrage les promeneurs s'installaient, quelquefois pour se reposer ou pour manger. Enfin j'étais pour eux le bienvenu. Même le bûcheron qui m'a coupé, est venu plus d'une fois dormir sous mon ombrage pendant que le foin de sa prairie séchait sous l'action des ardents rayons du soleil.

Mais à quoi sert-il de me désoler ?! Je vais peut-être partir d'ici pour voyager, je serai utile et cela me console. Je servirai peut-être à la

Sa / bien / points

charpente d'une maison : là j'entendrais discuter les personnes et je vivrais pour ainsi dire avec eux. Je pourrais aussi servir à la construction d'un navire. C je voyagerais à travers les mers et un jour j'arriverais sur des pays étrangers où je me retrouverais avec des camarades dont que je ne connaissais point encore. M souche qui était se restée en terre servira à chauff une famille pendant les longues soirées d'hiver. Enfin je suis très content d'avoir été utile.

Lundi 8 mars 1915

.Calcul.

Un négociant a en magasin des marchandises dont la v totale est de 45380f ; en outre son immeuble est éva à 15620f il est déclaré en faillite son passif s'élev à 123400f. Partager son actif entre ses créanciers qu'il doit les sommes de 15400f, l'autre 26000f. l'a 42000f et enfin le dernier 40000f.

Opérations

45380
15620
61000f

15400
61000
244000
3050000
61000
9394000 | 1234
7560 | 7612,641
1560
3260

Solution

Passif .... 123400 f

Actif .... 45380f + 15620f = 610

Part du 1er .... $\frac{15400^f \times 61000^f}{123400}$ = 761

Part du 2ème créancier $\frac{26000 \times 61000^f}{123400}$ = 12852

26000
610
26000
156000
15860000
15860000 | 11234
03520 | 12852,511
10520
6480
3100
06820
1500

42
61
2562

25620000 | 1234
9400 | 20761,753
7620
2160
9260
6220
05000

Part du 3ème créancier ---- $\frac{42000 \times 61000^f}{123400}$ = 20761.f 753

Part du dernier créancier $\frac{40000^f \times 61000^f}{123400}$ = 19773f 095

Part totale 61000f000

Réponse : 1er 7612f.641 2e 12852f.511
3e 20761f.753 4e 19773f.095

Dictée. — Le retour des oiseaux.

L'autre jour, à la tombée du crépuscule, j'entendais des rouges gorges gazouiller, et je songeais avec une douce émotion qu'ils chantaient de la même façon que ceux que j'entendais dans mon enfance. Les oiseaux ont cela de bon qu'ils semblent toujours être les mêmes. Des années se passent, on devient vieux ; on voit les années disparaîtrent, les révolutions changer la face des choses, illusions tomber l'une après l'autre et, cependant, parmi les arbres des vergers ou des bois, les oiseaux qu'on a connus dès l'enfance répètent les mêmes appels, modulent les mêmes phrases musicales avec la même voix fraîche. Le temps ne semble pas mordre sur eux et, comme ils se cachent pour mourir, nous pouvons presque nous figurer que nous avons toujours devant les yeux ceux qui ont chanté notre jeunesse.

Questions

classe se trouvait à l'étage parce qu'on faisait des réparations, alors on montait l'escalier avec nos sabots cloutés et ça faisait tac, tac, tac... En arrivant on allait à notre place. On avait des bureaux à plan incliné et on était six par rangée. Au milieu de la salle, il y avait le grand fourneau. On devait couper le bois et faire le feu chacun son tour. Celui qui était désigné devait éclairer le feu et balayer la classe avant que les élèves arrivent. On arrosait le plancher pour éviter de faire de la poussière ! Il fallait remuer les bancs qui étaient lourds.

Le premier cours, c'était « morale ». On nous parlait de la nation, du patriotisme. Ensuite c'était « dictée ». Le maître lisait le texte tout en marchant le long des tables, il s'arrêtait, faisait deux ou trois pas, puis continuait à lire.

Quand le maître nous interrogeait, on devait se lever pour répondre. On avait la page d'écriture. On faisait la « ronde » en gros caractères avec la plume sergent major, la spéciale à bout carré. Il fallait la tenir bien droite pour écrire. On avait des encriers en porcelaine que le maître venait remplir avec une bouteille. Quand il était vide on levait la main : « M'sieur, j'ai plus d'encre ! »

Contre le mur, il y avait des grandes cartes de géographie avec les départements, les préfectures et les fleuves. On n'avait pas de livres, le maître nous faisait tout copier sur un cahier et on devait tout apprendre par cœur. Un cahier qui devait toujours être très propre. La dictée se faisait directement sur ce cahier avec les questions à expliquer et l'analyse grammaticale à faire. Il était corrigé par le maître. Pareil pour le calcul et la rédaction.

On avait une ardoise pour faire le brouillon, on écrivait avec un crayon d'ardoise et on effaçait avec le doigt mouillé ou une petite patte.

Le soir on avait toujours un devoir à faire à la maison et une leçon à apprendre.

Moi j'avais toujours fini mon travail avant les autres, alors le maître me disait : « Adrien, allez faire lire les petits » (le maître nous vouvoyait). Moi qui étais plus petit qu'eux en taille, je les faisais lire au tableau pendant que les autres terminaient leur devoir sur le cahier.

J'avais douze ans quand la guerre s'est déclarée et chaque matin le maître qui était secrétaire de mairie recevait par la poste le bulletin des opérations militaires que je devais recopier pour l'afficher à l'extérieur.

On avait des fusils en bois, adaptés à notre taille, sur le modèle du « Stelet » et le maître nous faisait faire des exercices militaires

Les élèves de St Jean s'exercent à la guerre avec les fusils en bois sous le commandement de M. Piavoux, l'instituteur (1885). A droite du tambour, Jules Philippe qui sera maire du village durant la 2ᵉ guerre.

dans la cour… On marchait au pas, on s'arrêtait, on faisait demi-tour comme le font les soldats !

Je suis allé au Certificat d'Etudes à douze ans et je suis sorti deuxième du canton. J'aurais bien voulu continuer l'école, mais c'était la guerre, j'étais le dernier de la famille et mes deux frères étaient mobilisés, alors il fallait travailler à la maison.

*

Dans « Gens de chez nous », chapitre Le Messager du village, pages 145 à 150, Adrien raconte sa vie.

Adrien le jour de ses cent ans (2002).

Elle ira à l'école derrière la queue des vaches

C'était au soir du 1er juin 1945, le jour du Certificat d'Etudes à Collonges. J'arrivai à la maison, accompagnée de mon instituteur. Papa était déjà à l'écurie en train de traire. L'écurie était toujours le lieu où s'annonçaient les nouvelles, où l'on parlementait. On avait l'esprit disponible tout en *traisant*.

Accompagnée de ma mère et de mon instituteur, je venais annoncer à mon père la bonne nouvelle : j'avais réussi mon Certificat ! J'avais obtenu la dérogation accordée aux enfants de paysans, pour passer cet examen à treize ans (1) alors que l'âge légal était quatorze ans, afin d'aider mes parents à la ferme.

- Vous allez bien lui faire continuer ses études à Anne-Marie ? dit l'instituteur.

- Elle ira à l'école derrière la queue des vaches, répondit ma mère.

Il n'y avait rien d'original dans cette réponse, aucune fille de paysans ne poursuivant ses études à l'époque. C'était considéré comme superflu et inutile pour être une bonne mère de famille, une bonne ménagère. Les plus chanceuses allaient à l'école ménagère de la rue Bourgmayer, à Bourg-en-Bresse, et plus anciennement à celle de Bourdigny, comme l'avait fait ma

(1) Mon père l'avait passé à onze ans en 1914, ma mère à douze ans en 1922.

grand-mère. Ma mère n'avait pas eu cette chance ; je lui ai souvent entendu dire avec regrets, mais elle y enverrait sa fille, affirmait-elle. Mais suite à cette guerre qui avait bien trop duré, mes parents comme beaucoup d'autres se trouvaient dans une situation précaire. Alors, je suis allée en champ aux vaches comme on disait, avec mon pliant et mon sac de tricot. Ce fut une autre école. Celle de la nature avec les couleurs changeantes de ses saisons, celle du temps libre et du silence pour réfléchir et continuer à m'instruire par la lecture. Je devais tricoter, c'était mon travail en gardant les vaches, alors j'ai appris à lire en tricotant. Miro, mon chien fidèle et consciencieux, m'obéissait au doigt et à l'œil pour faire respecter les limites à ne pas franchir.

Oui, je peux dire que je suis réellement allée à l'école derrière la queue des vaches ! Et lorsque quarante ans plus tard je parcourais le Jura en quête des derniers bergers pour écrire « Au royaume des bergers », et que par ce livre je découvrais le bonheur de l'écriture, je réalisai que la boucle était bouclée !

Anne-Marie,
Chevry, le 24 juin 2006

Mon frère Henri, ma petite sœur Bernadette et moi-même en 1946.

Je suis « en champs aux vaches » et je photographie mon petit frère Michel et mon chien Miro.

Explication des mots en italique

Amouiller : masser les trayons d'une vache avant la traite pour faire descendre le lait.

Arpi ou **tiapi :** outil servant à faire avancer un arbre abattu.

Avaiser : graisser les trayons d'une vache.

Bâche ou **blache :** herbe qui pousse dans les marais.

Barò ou **barrot :** charrette à deux ou quatre roues pour transporter des petits chargements.

Bigos ou **bigo :** houe à deux dents pour arracher les pommes de terre.

Boiton : loge pour le cochon.

Borler : crier très fort.

Botte-cul : tabouret à un pied sur lequel le berger s'assied pour traire.

Boube : enfant qui garde les vaches.

Branlée : une violente réprimande.

Brési : viande de vache salée.

Brozolée : châtaignes cuites avec la peau, à sec, au four ou sur le fourneau.

Cagibi : petit réduit.

Carron : brique en terre servant à chauffer le lit.

Catelle ou catole : poulie servant de monte-charge.

Chule ou **choque :** semelle de bois des galoches.

Claires : paille de seigle que l'on mettait à tremper pour l'assouplir.

Coinchon : cuchet ou cuchon.

Colletin : veste de travail du paysan.

Concière ou **gonvière :** congère de neige.

Cornet : petit sac en papier.

Coupe-racines : sorte de hachoir actionné par une manivelle, pour couper les betteraves.

Crevure : se dit d'un animal malingre.

Croison : pomme sauvage.

Croître : animal malingre.

Cuchet ou **cuchon :** tas de foin dressé le soir pour éviter qu'il reçoive la rosée nocturne.

Ebrucher : disperser, étendre le fumier dans un champ ou des débris de bois.

Effeuiller : enlever les feuilles superflues.

Enchapler : battre la faux avec un marteau sur un appareil en fer afin d'en redresser le fil.

Eraillé : abîmé.

Etroubles : la paille restante après avoir coupé les céréales.

Failles : faire les failles (tradition de la mi-carême), faire un feu avec des perches de bois et lorsqu'elles sont à moitié brûlées les porter aux jeunes mariés.

Fayard : le hêtre.

Fe-sou ou **f'sou :** houe en forme de cœur.

Fleurier : drap de toile de jute pour transporter le regain ou le foin.

Fruitière : laiterie gérée en société par les paysans pour transformer le lait.

Gouille : flaque d'eau.

Greubon : résidu de la graisse de porc pressé à chaud.

Guillon : bouchon en bois qui ferme le tonneau de vin avant d'y placer le robinet.

Jarrater : se débattre avec les jambes.

Joucler : placer le joug sur la tête des bœufs.

Lèche : mélange de betteraves, de poussière de foin, de paille coupée pour nourrir les vaches.

Lissu ou **lissieu :** eau de cendres servant à faire la lessive.

Longeole : saucisson dont la chair est additionnée de couenne de lard et de graines de fenouil.

Mâchon : cuchet, cuchon, coinchon.

Mate-faim : beignet avec des morceaux de pommes.

Mène : la mène recueille la traite pour la livrer à la fruitière.

Parteret : couteau à large lame pour couper la viande.

Pattier : homme qui recueille les peaux de lapins.

Pattin : pièce que l'on met aux pantalons.

Pèle ou poêle : salle de séjour des fermes du Haut-Jura.

Perru : tas de pierres.

Pétasites : grandes feuilles en bordure de forêt.

Pive : cône de sapin.

Portchon : fagot de bois.

Raclure : pain aux greubons.

Rapercher : rassembler le troupeau à l'alpage.

Sèches : branches de sapin coupées et laissées en forêt.

Taconnet : herbe qui pousse sur les talus le long des fossés. On le cueillait pour le fumer pendant la guerre.

Traîne : assemblage de branches que l'on tirait après la coupe de bois.

Traiseur, traisait : se disent dans notre région pour trayeur, trayait.

Table des matières

Aux Editions de la Catherinette
01160 PONT D'AIN

■ Collection ***Graines de Terre***

Le sentier des épousailles, Jean COLIN, 2001
La promesse des semailles, Elisabeth MONNOT, 2001
Les enfants de la Brenne, Elisabeth MONNOT, 2002
Tant de souvenirs à Chavannes-sur-Reyssouze, Denise BIDAULT-PICARD, 2002
Les fantassins de la Comédie, Monique BERGEROT, 2003
Les chemins de l'école, Daniel COQUARD, 2003
*Tonnerre de Bresse**. *La source des racines,* Pierre TRONTIN, 2003
Tonnerre de Bresse **. *Le vent de la métamorphose,* Pierre TRONTIN, 2003
Tonnerre de Bresse ***. *Un nouvel horizon,* Pierre TRONTIN, 2004
Cibeins en culottes courtes, Gilbert MONTAGRIN, 2004
Quand la terre est bonne, Guy VIVIER, 2004
La cadole de Vers, Jean-Paul MARTOIRE, 2006
L'étoile du berger, André MACON, 2006

■ Collection ***Pages de vie***

Entre parenthèses, Elisabeth MONNOT, 2003

■ Collection ***Brin d'humour***

La République des corniauds, René PACAUT, 2005

■ Collection ***Arcane***

Le gardien d'Osiris, Robert FERRARIS, 2005
Le pendule du Bas-Bugey, Eugène FABRY, 2005
Dans les serres de la buse, Eugène FABRY, 2006

■ Collection ***Des métiers et des hommes***

La caresse de l'homme de pierre, Rémy de LORENZI, 2004

■ Ouvrages de Jean BOULLY

La fin des Péquenots, 1996
Péquenots de Bresse, 1997
Le Bressan, 1998
La Provenchère, 2000
Fiers d'être gaulois. Les ancêtres de nos paysans, 2002

■ Ouvrages d'Anne-Marie PRODON

Les filles de la terre, 2001
Sagesse paysanne. Histoires de vies, 2003
Histoires vraies d'autrefois, 2003
L'école derrière la queue des vaches, 2006

■ Ouvrages et auteurs régionaux

Pont d'Ain, Souvenirs du XXe siècle, Ouvrage collectif, 2000
Max, matricule 21 835, Martial THIBERT, 2002
Destins brisés. Les poilus de l'Ain, Rémi RICHE, 2004
Maquis dans la plaine, René PACAUT, 2005
Le manège de la Saint Martin, Agnès CULAT, 2005
Chez nous, on mangeait bien, Jacqueline DEMORNEX, 2005
Neuville-les-Dames. Jean-Eugène et Eugénie..., Olivier LE GOUIC, 2006
Côté fermes, côté femmes, GEDAF montagne Pays de Gex, 2006

Maquette réalisée par images & Mots (01)

Achevé d'imprimer sur les presses de la SADAG (Bellegarde 01).
3e trimestre 2006
ISBN : 2-914415-30-3